人類文明小百科

Explorations et découvertes

探索與發現

DOMINIQUE JOLY 著

呂一民 譯

三民書局

目

次

最早的探險家

奔向未知的世界

地球：
一個扁平的圓盤

在這塊公元前400年時燒製的土板上，記載著巴比倫人對地球的描述。美索不達米亞平原是地球的中心。地圖上的注釋則是楔形文字*。

古代人對世界的看法

自古代初期，印度的人們就表現出對地圖繪製術的強烈好奇心。這幅岩洞內的壁畫可能是對世界最早的描繪。它用幾何圖形表示地球，波浪形的線條表示水。

最早的探險家

什麼是探險家？

他們的目光盯著天際，冒著可怕的風暴，穿過灼熱的沙漠，進入茂密的森林，克服各種各樣真實的或想像中的危險。他們之中有的是不屈不撓的航海家，有的是孤單一人的旅行者，有的是新土地的征服者，有的是朝聖者或商人。他們的動機往往互不相同，但卻有著共同的好奇心及一種無法抗拒的、想走得更遠的渴望。這一共同點不斷地推動他們去超越已知世界的界限，而這個已知的世界在最早的繪製地圖者筆下，是處於一片為海洋所圍繞的平地中央。

自人類歷史的初期開始，這些旅行家便以各自的方式參與對我們星球的奇妙探索。他們的發現使我們對地球的認識產生了巨大的改變。正是因為如此，我們稱他們為「探險家」。

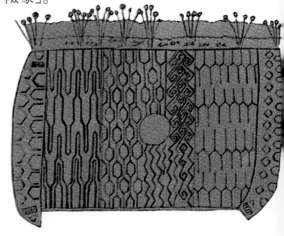

充滿怪物的海洋

在許多世紀裡，流傳著關於未經勘察的地區或海洋的傳奇故事。長久以來一直傳說大西洋裡住著可怕的怪物，古希臘人也有關於這個令人恐懼的海洋的神話，他們將大西洋稱為「邪惡之海」，幾乎沒有人敢冒險越過直布羅陀海峽的「赫丘利斯擎天柱」。

遺忘的功績，稱頌的功績

這些探險主要是以利益為出發點來進行的。在很早以前所進行的大部分探險，由於缺乏見證，仍然不怎麼清楚，或者已被遺忘。另外還有一些探險則被刻意保密，以防被對手或競爭者所利用。

透過一些畫像、浮雕和圖片，我們看到了關於旅行的最早紀錄。詩歌或傳奇也替這些紀錄作了補充。然而，現實與虛構的部分是彼此交織在其中的。

文字、編年史或普通的旅行筆記構成了不可替代的信息來源，在一個又一個的世紀裡，孕育著冒險的願望，激勵起探險的志向。偉大的旅行家們利用這些材料，試圖重複已經完成的功績，或者超越這些功績。

註：帶星號*的字可在書後的「小小詞庫」中找到。

自公元前3000年以來，中東的新興政府推動了最早的地圖繪製工作，這一時期的土地冊已經顯示了土地財產的劃分。埃及的人們也為被尼羅河河水淹沒而地界模糊的土地進行丈量*，這一丈量工作為二世紀亞歷山大統治時期的希臘學者所繪製的地圖奠定了基礎。

7

最早的探險家

航海家與商人

埃及人

基於商業的需要以及對新的銷售市場和珍貴產品的尋求，最早開化的民族很早就冒險走出自己的家園。生活在尼羅河*畔的古埃及人從公元前2700年起，便開始沿著地中海海岸航行，並一直航行到紅海。他們在這一時期已經會利用來自黎巴嫩的雪松來製造在大海中航行的船隻。

哈特謝普蘇特女王統治時（公元前1520-1484），曾向印度洋附近的龐特地區（可能是今天的索馬利亞）發起一場大規模的遠征。經由在紅海南面二千多公里的危險海面上不斷往返，埃及人帶回了大量珍奇的物品，並與這一富饒的地區建立了持久的聯繫。

在龐特地區

底比斯附近達爾巴赫里御廟牆上的浮雕銘文，使人們永遠記得哈特謝普蘇特女王發動的這場遠征。浮雕中的人物把貴重的貨物：黃金*、象牙、烏木、乳香、豹皮與沒藥*裝到了船上。上面的象形文字寫道：「開天闢地以來，從沒有一位君王帶回如此多的東西。」

8

最早的探險家

腓尼基人

定居在敘利亞、黎巴嫩與以色列海岸的腓尼基人，自公元前1000年起就是地中海的「海上馬車夫*」，他們在這裡非常活躍地從事著商業活動。

他們從比布魯斯、西頓或蒂爾出發，沿著海岸或向著設有商行的島嶼航行，例如西西里、馬爾他、塞浦路斯，特別是突尼斯海岸的迦太基。身為古代世界不同地區之間的中介人，他們始終不停地向更遠的地方去冒險，以求賣出高價的珍奇商品。就這樣，他們冒險來到了大西洋，並在公元前七世紀登上了馬得拉群島與加那利群島。大約在公元前470年，哈農率領一支迦太基船隊，沿著西非海岸航行。在這之後不久，哈農的同胞希米爾貢到達了英格蘭與愛爾蘭。他們小心翼翼地保守著關於航海路線以及探險發現的秘密。

大約在公元前600年，埃及法老尼科二世招募了一支腓尼基人的船隊，探索連接紅海與地中海的海上通道。過了三年，這支船隊在繞著非洲航行了25000公里之後回到了埃及。兩個世紀後，希臘人希羅多德描述了這項成就，但是我們懷疑這項成就的真實性。

腓尼基人的船隻

這些船非常堅固，是用一種來自黎巴嫩的既堅硬又不會腐爛的木材——雪松製成的。它們能夠承受地中海可怕的暴風雨，並穿越「赫丘利斯擎天柱」，然後繼續朝北航行，一直到英格蘭以及富含錫礦的科和努耶。

9

最早的探險家

世界盡頭的征服者

西方與東方的接觸

亞歷山大的遠征激發了想像。尼羅河流域各種奇特的景色創造了一個全新的世界。希臘人的遠征使歐洲認識了新的植物（如桃樹、檸檬樹、水稻）和像印度水牛那樣陌生的動物。帶回希臘的一些標本使亞里斯多德*這位偉大的學者得以寫出《動物史》，這本書是最早的觀測性著作之一。

因為古代的征服者永無止境的土地爭奪，而促進了我們對世界認知的發展。

亞歷山大：征服者與探險家

統帥著一支龐大軍隊的馬其頓國王亞歷山大，並不滿足於從希臘到印度山口的廣大領土，於是，從公元前四世紀起，便在一些學者的陪同下，發起了第一次大規模的科學遠征。這次科學遠征使得當時的一些地理觀念發生了變化。

征戰之餘，亞歷山大的地理學家和數學家進行了距離的測量，編製了被征服地區的地圖。在亞歷山大的命令下，一些探險考察人員前往埃及南部，試圖弄清尼羅河水位上漲*的奧祕；另一支探險隊在赫拉克里特的率領下，向裏海出發；船隊的首領尼爾克首次在印度洋航行，並溯流前往波斯灣，那時希臘人還不知道此一海域的存在。

亞歷山大的軍隊在征戰後期達到了12萬人。從公元前334年到325年，亞歷山大帶著這支龐大的軍隊歷經32000公里的路程，建立了70個城市，這些城市往往用他的名字來命名。他在班師回朝後，又開始準備新的遠征，這次遠征準備橫越阿拉伯半島，繼而環繞非洲，以便把希臘與西面地區連接起來。但是，在公元前323年，距預定的出發日期還剩幾個月時，亞歷山大逝世了。

最早的探險家

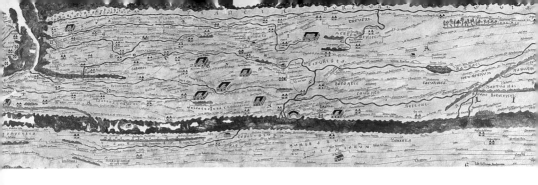

羅馬人

五個世紀之後，輪到羅馬人成為一個廣大帝國的主宰。從蘇格蘭、撒哈拉，一直到美索不達米亞平原，羅馬人強行建立起自己的統治霸權。透過從各個方向往返於這個地區的官吏、商人與旅行者，羅馬人對所統轄的領土有了絕佳的認識。

與印度、中國間的商業往來，尤其是二世紀後蠻族*的反覆入侵，使羅馬人進一步認識了疆界以外的地區。

佩丁格爾圖表

這張描繪羅馬帝國的地圖是為行政官員與旅遊者繪製的。上面標有河流、山川、距離以及由通衢大道連接起來的城市。此圖是原作，13世紀時遭變賣，18世紀時才在德國被發現。佩丁格爾是當時擁有這幅地圖的人的名字。

龐貝城的壁畫

公元前一世紀時，羅馬人征服亞洲，開闢了「絲路*」，促成羅馬與中國的來往。透過沙漠旅行商隊的往返，從中國來的絲綢*運到了一些富裕的商業城市，如敘利亞的巴爾米拉。羅馬人用黃金來購買這種布料，並根據絲綢的拉丁名字(sericum)，把中國稱為「賽里斯國」。

11

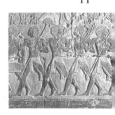

最早的探險家

尋找新世界

殖民者的船隻

波里尼西亞人依照建造小帆船的方式，用兩個船體組成航行海上的小船，大大提高了船的穩定性。這些船借助船槳、尤其是棕櫚葉編成的巨大三角形風帆向前行進。船的長度可達二十多公尺，並運載二十多個人。

波里尼西亞人

勇氣十足的航海家很早就迎戰無邊無際的海洋，尋求殖民的領土。從公元前 1000 年起波里尼西亞人的祖先就往返於廣闊的太平洋，並開始在一些島嶼上紮根。這一航海民族沒有文字記載的歷史，但是所幸有許多跡象（如口語、家畜、種植的植物）使我們能夠復原他們的遷移，認識他們的起源。

小木棍組成的航海圖

波里尼西亞的航海家也利用標明太平洋某些部位的簡陋地圖來定位，但是仍然很難去清楚界定這些地圖的確切用途。圖上的小木棍表示湧浪*的方向，交叉處的貝殼則對應於島嶼的位置。波里尼西亞人的航海才華主要是奠基於他們對大海與風的充分認識。

12

最早的探險家

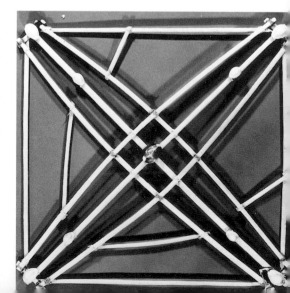

經過幾次成功的航行，他們離開了印度尼西亞與馬來西亞，抵達遙遠的大洋洲群島。他們不斷地登上陌生的土地，最後終於分布在遠至紐西蘭、夏威夷與復活島的整個海域。

為了跨越漫長的距離，波里尼西亞人用兩條獨木舟拼成帆船，迎著東方吹來的信風*在海面上航行。

他們雖然沒有地圖，又沒有儀器，但卻懂得觀察風的變化與湧浪*的方向，並根據太陽與星星來辨別方位。他們也能為海岸定位，並透過觀察波濤的大小與海鳥的飛行估計出海岸的遠近。

從公元前400年起，波里尼西亞人的長途跋涉便越來越少，後來甚至極為罕見。好幾個世紀以來，他們生活在一種完全的孤立狀態中，這種情形一直到200年後歐洲人到達時才得以改變。

挪威航海家托爾·海耶達爾1948年乘著名為"Kon-Tiki"的木筏，試圖從祕魯海岸返回波里尼西亞。他希望用這趟航行來證明波里尼西亞人的祖先可能來自南美洲。但是，此後所進行的考古發掘證實，波里尼西亞人的祖先其實來自亞洲。

復活島的巨人

大約在公元前400年前，一個民族遷移到太平洋東部一個由小峭壁所構成的海岸。這個民族利用以符號為基礎的文字，發展出真正的文明。1687年登上復活島的歐洲人在這發現了數以百計用火山石雕刻成的巨大雕像。

該島的居民逐漸被大量屠殺，隨著他們的死亡，這個卓越文明的祕密也就此消失。

13

最早的探險家

諾爾船

維京人在探險與經商時所用的船被稱為「諾爾」，比襲擊用的戰船「德拉卡」更寬更大。不過，兩者的建造技術是相同的，船體都是搭接而成，船板則像屋頂的瓦片一樣彼此交錯，所有的船隻均配有龍骨、繫著方形大帆的桅杆以及裝在船後側部的槳舵。

維京人

過了很久，中世紀時，源於斯堪地那維亞半島的維京人勇敢地投身於把他們帶到遠方的海上遠征。這些「北方民族」比士兵更為食婪，他們湧向歐洲進行掠奪與屠殺。從八世紀末開始，他們為了獲得新的土地，在大洋上來回航行，並遠至君士坦丁堡，甚至北美洲海岸。

瓦蘭克人（瑞典的維京人）向東前進，先在芬蘭站穩了腳步，又溯俄國的大河而上到達黑海。他們想攻占君士坦丁堡，卻未能成功，但途中建立了諾夫哥羅德和基輔這兩座城市。

挪威人則向西在北大西洋的霧中冒險，登上許多歐洲人尚不知道的地方。他們移居到昔德蘭、奧克迪與海布里地群島，然後到冰島。從870年到930年，共有一萬名移民

在 1961-1968年間，紐芬蘭島上的「米道小海灣」所進行的挖掘發現了一個維京人殖民地的遺址：土製建築物的遺跡、用木頭與鐵製成的物品、一個鐵匠鋪和一個鑄鐵廠；其他的挖掘還發現了來自船隻的木頭。這些發現為維京人曾在北美居住的事實提供了有力的佐證，但是還無法證實這是否與埃里克森定居的遺址有關。

14

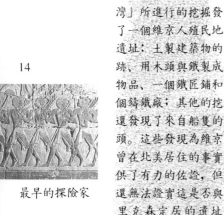

最早的探險家

在這定居。一些關於格陵蘭人與紅鬍子埃里克的北歐傳說便描述了格陵蘭的拓殖。982年，紅鬍子埃里克在「綠色地區」建立了二個殖民地，並從此地出發，展開新的遠征。

1000年左右，埃里克之子萊夫‧埃里克森向南方出發，登上了北美大陸的三個沿海地區，他把這三個地區分別命名為「赫呂蘭」（今天的巴芬地區）、「馬克蘭」（今天的拉布拉多半島）與「芬蘭」（今天的紐芬蘭）。

這一趟發現了美洲大陸的航行要比哥倫布早五個世紀，但卻沒能有什麼結果。「芬蘭」似乎自1010年維京人因當地土著的仇視而被迫離開後，就不再有維京人居住。格陵蘭的殖民地在15世紀初完全消失。

薩加（北歐傳說）

維京人擁有一種由詩歌或偉大史詩般的敘述所構成的文學，稱為薩加。薩加由口頭傳授，世代相傳，直到1300年左右才用文字撰寫，因此很難賦予薩加一種真正的歷史價值。

探險圖

這張圖是記載9~11世紀時維京人探險發現最早的文獻。圖上標明著冰島與格陵蘭，並提供前往北美沿海地區探險的基礎。這張圖是1590年根據現已遺失的原圖繪製成的，直到1668年才公諸於世。

15

最早的探險家

偉大的旅行家

亞特拉斯神

希臘神話中，巨人亞特拉斯被眾神中最強大的宙斯*處罰，把世界扛在自己的肩上。

公元前 310–306 年間，希臘航海家皮西亞斯從馬賽出發，越過直布羅陀海峽，一直向北，想到達「極北地區的島」。根據他的說法，在這座島上，太陽從不下山。這個地區很可能是臨近北極的冰島或挪威。這位純粹是為了科學研究而從事冒險的探險家，同時也是一位地理學家，他最後並確定了馬賽的緯度*。

希臘人

從古代起，一種永不滿足的好奇心就不斷地驅使著旅行家去從事傳奇性的遊歷。他們經常是冒著生命危險，或步行，或騎著牲口，踏遍了廣袤的地區。地圖繪製者利用這些旅行家的作品，愈來愈精確地描繪出我們世界的輪廓。

希臘人希羅多德是其中最偉大的旅行家，他幾乎一生都在地中海海域四周旅行。在埃及，他溯尼羅河而上，在努比亞與利比亞進行探險；在黑海沿岸的北方大草原中，他發現騎馬的游牧民族——塞西亞人。回國之後，他繪製了一張公元前 450 年左右的世界地圖，更撰寫了《歷史》，全書有九卷，對公元前五世紀時希臘人已知的世界做了生動的描繪。

希臘人匯集了重要的航海旅行與亞歷山大大帝遠征時所累積的地理知識，首次以科學方法表現出當時已知的世界。

身為繼承巴比倫人科學成就的希臘學者，米勒的泰利斯與亞里斯多德應用數學知識來證明地球是圓的。這比人們以環球旅行來證實要早了二十個世紀！

埃拉托色尼（公元前 275–195）透過計算地球*的圓周來證明這一點。他用一些想像

16

最早的探險家

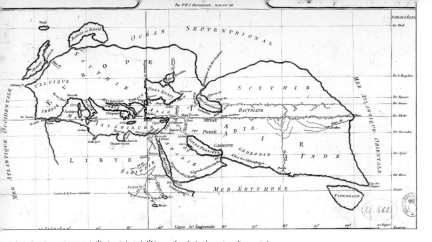

的線條（經線*與緯線*）來劃分地球，並
所言地球的圓周為四萬公里。他計算的誤差
僅有250公里！

　　大約在公元前 100 年，托勒密繪製了一
幅由東西兩半球組成的世界地圖*，圖上標示
了當時已知的大陸。這幅圖在15世紀之前都
一直是地理學方面最好的參考圖。

　　從四世紀起，蠻族的入侵就造成了西方
的動盪不安，但古希臘人與羅馬人耐心得出
的地理知識並沒有因此消失，在15世紀西歐
重新發現這些知識之前，它們一直為阿拉伯
人細心保存著。

地球的圓周

埃拉托色尼豎立了兩根
小木椿，一根在埃及北
部的亞力山卓，另一根
在埃及南部的西埃納
（亞斯文的舊名），他利
用在西埃納測得的陰影
長度和角度來計算地球
的圓周。

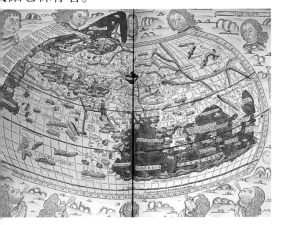

托勒密的世界地圖*

托勒密之後所有表示世
界的地圖原圖都已失
傳。在這張15世紀的世
界地圖上，我們可認出
古時候就已知道的三個
大陸：歐洲、非洲與亞
洲，圖中的直線與橫線
是經線*與緯線*，金髮
人頭則象徵著風。

17

最早的探險家

朝聖者玄奘

在10世紀的這幅畫中，這位去朝聖的佛教徒一手拿著用來驅逐魔鬼的拂塵，另一手拿著象徵佛教僧侶的念珠；他的背上背著珍貴的佛經手抄本，可是這些手抄本在他跨越印度河時遺失了許多。

長城的庇護

中國的長城建於公元前五到三世紀，全長為6470公里，是為了抵禦北方民族的入侵而修建的。除了戰略的功能外，它還標識著已知的文明世界的界限。長城之外漫佈著許多的蠻族*國家，中國人從七世紀起被禁止越過長城到這些地區去探險。

最早的探險家

五世紀時的法顯就是其中的一員。他歷經千辛萬苦，在恆河流域的寺廟裡度過了好幾年，並冒著危險一直來到了斯里蘭卡。他在《佛國記》中便敘述了自己15年的朝聖生涯。

200年之後，玄奘步上了法顯的後塵。629年左右，他不顧禁令離開中國，以取經的名義開始旅行。他在16年中走了近三萬公里，穿越了中亞的沙漠、喀什米爾的高山，並溯恆河而上，拜謁印度的佛教聖地。玄奘為了替自己私自離開中國辯解，上書給皇帝，並報告自己即將回國。他回國時帶回了許多已翻譯成中文的佛經。

中國的旅行家

中國兩千年來在與外界不相往來的情況下，獨立發展出輝煌燦爛的文明。然而，大約在公元前 138 年，漢武帝朝中的貴族張騫受命越過邊界與中亞的民族訂約，以共同抵禦可能是匈牙利人祖先的匈奴。雖然張騫的外交使命最後失敗了，但他卻從行經的地區帶回大量地理與經濟方面的見聞。在這之後不久，開通了許多新的道路，其中包括「絲路*」在內。透過駱駝商隊在這些通道上的往來，中國與中亞、中東之間建立了聯繫，備受西方人讚譽的香料和絲綢也得以運到西方。

公元前五世紀在印度誕生的佛教，也正是經由「絲路*」從100年起在中國傳播。從這時開始，眾多的中國朝聖者展開了危險的印度之行，以重新發現佛教的發源地。

玄奘的回國

歡迎玄奘回國的儀式熱烈而隆重。隨行的22匹馬馱著聖骨、黃金做的菩薩像以及許許多多的佛經。地上撒著香料，和尚與官員沿路膜拜，身著黑衣的人則帶著禮物。

今日阿富汗境內的巴米揚流域位於絲路*的兩側，同時也是駱駝商隊的歇腳處與佛教朝聖者的宿營地。在那裡的峭壁上，有兩尊二到三世紀時刻的巨大佛像，玄奘在旅途中便曾朝拜過它們。

最早的探險家

阿伊德里斯的地球平面球形圖

這個刻在白銀上的地球平面球形圖＊是西西里的羅傑二世12世紀時所製作的。它以麥加作中心來定位，所以上面是北方，下面是南方。

在巴圖塔之前，很少有探險家在西非內陸探險。巴圖塔穿越了撒哈拉沙漠，到達11世紀起就皈依回教的馬里，並在廷巴克圖停留。廷巴克圖靠著奴隸買賣、尤其是黃金＊交易而以富裕壯麗著稱。

最早的探險家

阿拉伯的旅行家

七世紀時誕生的回教促成了一個輝煌文明的興起。回教世界的沙漠商隊和航海家跟著征服者的步伐，從大西洋到中國，發展起長程貿易；地理學家和旅行家則聯合起來，研究並探索回教世界及其邊境。

九世紀時，阿亞庫比在歷經一次偉大的遊歷後，蒐集到回教帝國及其鄰國的聯絡路線。同時，在阿馬都西三十多部的著作中收錄了許多他在中國、斯里蘭卡與東非旅行時的觀察。阿馬克迪斯在將近1000年時也寫了篇地理學論文，研究回教世界各省的經濟資源。

14世紀時的伊本‧巴圖塔絕不僅是一位普通的旅行家，他強烈的好奇心使他在近30年的時間內遊歷了十萬公里。去麥加朝聖之

商業的行家

從八世紀開始，回教商人和旅行家構成了一個龐大的交流網路。沙漠商隊的足跡遍布從馬格里布到中國的土地，裝有三角形船帆的阿拉伯小帆船則穿梭於波斯灣與印度洋。中東這個大規模的商業中心，是當時唯一與已知世界各部分均有接觸的地區。

後，他繼續向西到達了撒丁島、西班牙，以及撒哈拉沙漠中央的尼日。

向東，他的腳步來到了波斯、印度，甚至中國；向南，他沿著東非海岸一直來到了桑吉巴。在他回國後口述的旅行日誌中便記錄了這些驚人的成就。

經過一個又一個世紀，阿拉伯學者融合旅行家與商人對地面的觀察，使地圖繪製學有了長足的進步。他們以古代傳承下來的地理學知識為基礎，再加上天文學與數學方面的深刻認識，大大豐富了地圖繪製領域的學問。

星盤*

阿拉伯人改進了許多航海儀器。他們發展出利用星盤測定地平線上星星位置的技術。在中國，回教商人學會使用能指出北方的磁針，這種磁針與未來的羅盤有關。

21

最早的探險家

忽必烈汗

忽必烈 (1214-1294) 是創立蒙古帝國的成吉思汗的孫子。他善待外國人，與漢人的態度大不相同。波羅兄弟在第一次的旅行中，成為最早越過中國長城的西方人。

抵達大汗的宮廷

《馬可‧波羅遊記》中有絕大部份的篇幅在描繪蒙古宮廷的華麗輝煌。馬可‧波羅在元朝做官後，曾多次出席有數千賓客的盛宴，並參加朝廷的狩獵活動。

歐洲與威尼斯的旅行家

自阿拉伯人征服歐洲後，遙遠的亞洲國家便拒歐洲人於門外。直到13世紀，由於蒙古人統治著一個從中國延伸到東歐的大帝國，這些國家才又重新打開了大門。

尚‧杜‧布蘭‧卡爾潘和紀堯姆‧德‧盧布魯克等的歐洲密使被派遣去與蒙古皇帝建立反回教的同盟，他們的使命雖然沒有達成，但卻打通了亞歐間古老的商業通道。不久，義大利商人就往返於這些商道，從事與東方的貿易。

就這樣，兩位威尼斯商人在1260年左右展開了一趟橫越亞洲的偉大旅行。這兩位姓波羅的商人是一對兄弟，哥哥叫尼科羅，弟弟叫馬菲奧，他們來到了汗八里（今天的北

最早的探險家

），並拜見了皇帝。1271年，他們又踏上了通往遠東的路，這次與他們同行的還有尼科羅年僅16歲的兒子馬可。他們在穿越中亞遼闊的荒地時，必須和嚴寒、酷熱及恐懼相對抗。

到達中國後，他們拜見了忽必烈汗，忽必烈汗很欣賞馬可·波羅的長處，於是任用他做顧問。在將近17年的時間裡，馬可·波羅奉命出使到帝國的許多地方。大汗宮廷的豪華與城市的富裕深深吸引著他，他也對當時歐洲尚不知道的火藥、紙幣與煤炭的使用讚嘆不已，此外更看到了令人驚奇的驛站體系的運作，這個系統每天以100公里的速度傳送著官方郵件。

闊別25年後，馬可·波羅回到了威尼斯，並在《馬可·波羅遊記》一書中記錄下非比尋常的歷險。這本書使他聲名大噪，但不少人把它視為想像出來的作品。

絲路*

馬可·波羅在戈壁中一個傳說會鬧鬼的地方，覺得自己聽到了「魔鬼」的聲音，這可能是石頭受到晝夜溫差影響所發出的。

馬可·波羅回國後不久，就被正在與威尼斯人打仗的熱那亞人俘虜。他在獄中對一位名叫魯思提塞羅的比薩人回憶了他的過去。用法語寫成的《馬可·波羅遊記》向歐洲人顯示了遠東所有的財富，令許多探險家非常嚮往。當15世紀哥倫布第一次開始海外旅行時，就是帶著這本書，他還在上面做了很多註解。

23

最早的探險家

Rotira

Cacatora

de cura

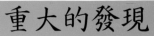

重大的發現

一條通往印度的新通道?

緯度*的計算

人們用星盤*（見左）與弩*（見右）兩種儀器來測定船的位置。弩又叫做「雅各的棍子」。

新的動機

15世紀時的歐洲，商業交易用的黃金*數量已經不足，同時土耳其的征服者也阻礙了來自遙遠東方的香料與絲綢的運送。

　　歐洲人開始尋找一條通往印度的海上通道，希望不用再經由控制著重要商業的阿拉伯人的中介，就可以直接獲得亞洲與非洲的財富。

　　若干年內，許多航海家在葡萄牙或西班牙君主的支持下展開了重要的海外遠征。他們開創了大發現的時代，使已知世界的界限得以重新界定。

一種新船

這是大發現時代典型的船。葡萄牙人結合了北方民族與地中海民族的造船傳統來建造船隻。船上配備有混合的帆纜索具*：正方形的船帆在風的推動下可以使船快速行進，而三角形（也就是拉丁式）的船帆則使得操作上更加便利；安裝在船後部的船舵也可以準確地引導方向。

26

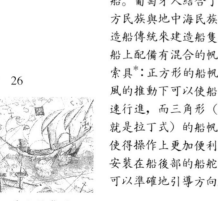

重大的發現

羅盤地圖(Portulans)

這些畫在羊皮紙上最早的航海圖源於義大利人,也因義大利語"portolano"(意為駕船者)而得名。圖上顯示了海岸的走向,並標有暗礁、海角、小港灣與港口的位置。地圖中的「星星」代表圍繞著羅盤方位標的路線所構成的網路。這些地圖對地中海上的航海家很有幫助,可是在大洋上就行不通了。

小噸位的快速帆船

航海家用一種堅固而又容易操縱的船——15世紀時葡萄牙人製造的小噸位快速帆船,來與海洋搏鬥。這種經過加高、加長的船體能夠在大海中破浪前進;此外,由於尺寸不大,它既能快速行進,又能因為吃水*不深而靠近岸邊。

　　駕船的水手學會利用象限儀或星盤*等工具來根據星星算出緯度*,並知道自己的位置。他們也運用永遠指向北方的羅盤,使船保持在航海路線上。但是,他們這時還不會計算經度*,也不能準確估計距離。他們的海上經驗其實並沒有什麼價值。

歐洲人除了在尋找一條通往印度的海路,也在尋找尚神父的基督教王國。他們在亞洲找不到這個王國,於是就認定它位於非洲。歐洲人希望與這個神秘的統治者訂立同盟,來挫敗與他們交戰了好幾個世紀的回教徒。歐洲人在探索非洲海岸時,也同時向那裡的居民傳福音*。

27

重大的發現

歐洲的航海家

航海家亨利

葡萄牙國王約翰一世的兒子亨利王子(1394–1460)，推動了首次前往非洲的海上探索。他在葡萄牙南部薩格雷斯的住處，聚集了許多天文學家和地圖繪製學家，以及像雅各姆・德・馬若爾克這樣的遠洋航行*專家。他用其中部份是來自於黃金*與奴隸買賣*的財富來裝備船隻，這些船在之後幾次遠征中抵達了幾內亞灣。

狄亞茲等的葡萄牙人

葡萄牙人率先在南太平洋探險，展開「大探索」。他們15世紀初先後到達了亞速爾群島馬德拉群島，1443年更越過外號叫「恐怖角」的博雅多爾海角。

　　他們逐步地沿著非洲海岸前進，並在幾內亞灣設立商行，組織起象牙與奴隸買賣*1471年越過赤道後，他們遭遇逆風的挑戰然而巴多洛姆・狄亞茲1487年時還是越過了非洲大陸南端的「風暴角」，也就是後來的「好望角」。

重大的發現

狄亞茲1487年時將非洲南端一處多岩石的海角命名為「好望角」，表達出他對找到直接通往東方的通道的期望。

繼起的達・伽馬

1497年7月，瓦斯科・達・伽馬的船隊張滿帆離開了里斯本，繼續沿著狄亞茲開闢的路線航行。船繞過了海角，12月25日時又繼續沿著他們稱為"Natal"（意為「故鄉的」）的海岸航行。他們在東非的外海上，與載著黃金*和香料的阿拉伯船隻交錯而過。除了梅林得（今天的肯亞）外，他們在中途停靠的各個港口均未受到歡迎。梅林得的國王賜給達・伽馬一位阿拉伯領航員，在他的引導下，他們航向了印度。在印度洋航行了27天後，1498年5月，達・伽馬抵達了卡利刻特港。

終於找到了通往傳奇東方的海道！

達・伽馬

當國王曼紐爾一世命令達・伽馬 (1469–1524) 領導印度遠征時，這位葡萄牙貴族才28歲。他帶著四艘船和150個人，在兩年又兩個月的時間內，航行了44400公里。1502年，他又帶著21艘船返回印度，並在那裡設立了商行。

到達卡利刻特

經過10個月的航行，達・伽馬在1498年5月20日到達了印度西南部的卡利刻特。他送了許多禮物給卡利刻特國王，但是，卻沒能與印度人建立持久的商業聯繫，因為阿拉伯商人已經控制了這個地區的貿易。

29

重大的發現

遠洋船隊的海軍上將

哥倫布在1493、1498與1502年的另外三次航行中，抵達了安地列斯群島、委內瑞拉、奧利諾科河河口、巴拿馬與宏都拉斯，但直到1502年，他才踏上美洲大陸，不過，他以為自己到了印度。他1504年回到西班牙，1506年5月20日在瓦拉多利德去世。哥倫布死時幾乎已被人遺忘，而且也沒人知道他發現了美洲！

30

重大的發現

哥倫布發現美洲

既然地球是圓的，那麼一直向西航行就能到達印度——這就是定居在里斯本的熱那亞航海家與地圖繪製者克里斯多夫・哥倫布(1450–1506)的想法。

儘管根據他的計算，將可以建立一條比達・伽馬所航行的路線更短的新海路，但是這一點並沒有說服葡萄牙國王。後來憑著哥倫布堅毅不拔的努力，西班牙的君王終於同意資助他的遠征。

1492年8月3日，哥倫布在巴洛斯港租了三艘船：聖塔－瑪利亞號、尼娜號與平塔號。中途在加那利群島停留後，小船隊借助信風繼續向西快速前進。兩個月後，全體90名船員變得非常害怕，要求哥倫布半路折回。10月12日，就在哥倫布準備讓步的時候，一片土地躍入了眼簾。哥倫布登上一個他命名為聖薩爾瓦多的小島，並揚起了西班牙國王的旗幟。他相信自己不久將抵達西邦各（日本）及印度的富裕城市，據馬可・波羅說，這些城市裡積聚著大把大把的黃金*和寶石。

事實上，他到達的是巴哈馬群島中的一個島；他不知道自己剛剛登上了一個新的大陸。

哥倫布發現了古巴和叫做伊斯帕尼奧拉的聖多明尼克後，凱旋回西班牙。次年，他帶著一支有17艘船與1200人的船隊重新出發，以建立殖民地。

抵達美洲

哥倫布在航海日誌中這麼描繪著巴哈馬群島上的泰諾人:他們「赤身露體,就像母親剛生下他們時那樣……。有些人在身體、眼眶或臉上繪上圖案……」。泰諾人種的是穀物類與薯類的植物。他們把棉花織成布,也製作漂亮的陶器。他們還不會使用火器,只有上面裝著魚齒的長棍。

新大陸

在若干年裡,新發現的地區被稱為「西印度」。義大利航海家亞美利哥‧維布西(1454-1512)首度指出,哥倫布發現的是一個「新大陸」,與亞洲沒有關係。於是,地理學家廣為採用源於「亞美利哥」的「美利堅」之名。

重大的發現

航向北美

1497年登上新大陸後，卡伯1498年又再度出發進行第二次航行。他率領的五條船上載著要用來換絲綢*的商品，因為他一直以為已經發現了通往中國的通道！之後，他的兒子賽巴斯汀1508年確認了一直延伸到哈得孫灣的美洲北部海岸。哈得孫灣要到1610年才因發現它的英國人哈得孫而得名。

面對新大陸

自哥倫布非凡的探險後，發現一條能更快地通往印度的通道，就是縈繞在所有歐洲航海家腦際的念頭。

在接下來的幾年內，各個國家的船隻均航向西方，一場穿越大西洋的大競賽就此展開！

尚・卡伯(1450–1498)，一位為英國國王亨利七世效力的熱那亞人，1497年從布里斯托出發，並選擇往西北方走，好遠離西班牙人在南面發現的土地。他在海上度過52天後到達了新大陸，並深信自己已經在亞洲大陸的東部沿海地帶⋯⋯。

另一些人覺得應該向南走。西班牙人霍耶達1499年登上委内瑞拉海岸；葡萄牙人十

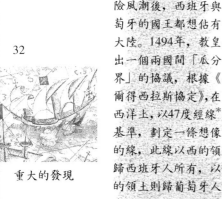

重大的發現

自哥倫布開啟海上探險風潮後，西班牙與葡萄牙的國王都想佔有新大陸。1494年，教皇提出一個兩國間「瓜分世界」的協議，根據《托爾得西拉斯協定》，在大西洋上，以47度經線*為基準，劃定一條想像中的線，此線以西的領土歸西班牙人所有，以東的領土則歸葡萄牙人所有。

博拉爾1500年偶然在巴西靠岸；同一年，西
牙牙航海家潘松確定了亞馬遜河的河口。
513年，他的同胞瓦斯科・努內・德・巴爾
博亞進入了巴拿馬地峽＊中茂密的叢林，他是
為一個到達當時被稱為「南海」的太平洋的
航海家。

堅決的雅克・卡蒂埃在法國國王的委任
下，1534年循著卡伯的路線，試圖找到那條
著名的通往東方的西北通道。他到達加拿大
為聖羅倫斯河時，還以為已經發現了這條通
道。他在1553年另一次的旅行中，又發現了
這條河的河口，他溯流而上，直到霍切拉加
的易洛魁人的村莊，這裡就是日後的蒙特利
爾。

1510年後，一個鐵的事實擺在眼前：不
管人們向西、西北還是西南航行，都會碰到
一個位於歐洲與亞洲間的遼闊大陸。這個新
大陸需要人們去釐清它的輪廓。

韋拉扎諾兄弟

這兩位（此圖為喬瓦尼
像）效忠於國王弗朗索
瓦一世的義大利航海家
1524年左右抵達了紐約
灣，並向北溯流而上，
一直到了加拿大，還把
它取名為「新法蘭西」，
不過他們並沒有繼續深
入此地。

在加拿大

卡蒂埃(1491–1557) 在
1534、1535及1541年分
別完成了三次探險的使
命；他在最後一次旅行
時，不顧嚴寒，深入內
陸進行探險。1603年，
山繆爾・德・尚普蘭建
立起魁北克的法國殖民
地，並發現了休倫湖與
安大略湖。

33

重大的發現

麥哲倫

麥哲倫是第一個越過美洲南端的人，然而他的環球之旅在菲律賓就不得不中止了，因為他在那裡被人殺害。

環球航行

巴蒂斯塔·阿格尼斯為西班牙的查理五世所畫的這張世界地圖*，顯示了麥哲倫與德爾·卡諾所走過的航路，也反映了當時人們所認識的世界。

麥哲倫的環球航行

在哥倫布進行了首批探險航行後，人們知道如果要從西邊到達東方,應該繞過美洲大陸穿越一個新的大洋。

1519年，葡萄牙航海家費爾南·德·麥哲倫 (1480-1521) 率領一支由五艘船組成的船隊，試圖去實現這一環球航行。這位酷愛航海與探險的貴族，向葡萄牙國王呈送了他的遠征方案，但是卻沒能打動葡萄牙國王。於是，他又轉向西班牙的查理一世，也就是未來的查理第五，這位國王撥給了他五艘大帆船，不過這些船在麥哲倫出海前還得大大地修理一番。

他歷經千辛萬苦穿越了南大西洋，又在狂風惡浪的逼迫下，進入一個位於美洲南部與美洲大陸延伸出來的群島間的狹窄通道。

34

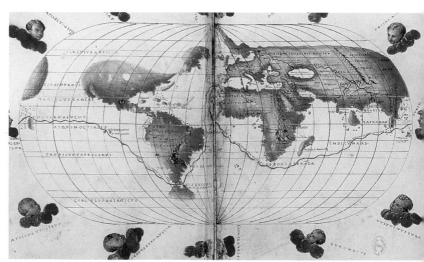

重大的發現

遠征隊花了37天在這險惡的通道內尋找出路。食物的供應已經吃緊，但他們仍得一個一個地在冰川上密布的溝道裡搜尋，以免錯過通往大洋的出口。

這個後來被稱為「麥哲倫海峽」的「海峽」，通往一片前所未見、平靜得令人驚奇的廣闊海洋──太平洋。不過，在太平洋上三個月又二十天看不到陸地的航行中，考驗卻更加的艱辛；飢餓、口渴和壞血病奪走了許多船員的生命。

在菲律賓時，麥哲倫因一場與當地居民的衝突而喪生。他的一名副手賽巴斯汀·德爾·卡諾領導著唯一倖免於難的船「維多利亞號」完成了航行，三年前上船的 265 人最後只剩下了18人。他們花了1100天完成了首次的環球航行，也因此證明地球是圓的。這個功績要比人們想像的還要偉大得多⋯⋯

麥哲倫海峽

船隊的船兩兩前進，困難地在小島組成的迷宮裡開闢一條通道。為了防止擱淺，他們得不時地探測水深。此後的航海家避開了這一通道，選擇穿越美洲大陸南端的合恩角。

麥哲倫指派義大利人安東尼奧·皮加費塔負責記錄旅行的過程。他在記事本上記載了他對所經地區的居民、動物及植物的觀察，也準確記錄了船上的生活和遭遇過的可怕考驗。這些資料的出版使得人們去頌揚麥哲倫，即使他在1522年返回西班牙的德爾·卡諾口中，是一個不可饒恕的專制者。

35

重大的發現

香料之路

香料：講究的樂趣

這幅圖描繪的是胡椒收成時的景象。胡椒和生薑種植在印度，丁子香花蕾與肉蔻則來自摩鹿加。這些香料在歐洲人的眼中身價很高，他們透過阿拉伯商人的仲介，以極高的價錢買來製造藥品或刺激食慾。

達·伽馬打通了繞行非洲來到印度的海上通道，葡萄牙在東亞的擴張也因此展開。

葡萄牙人：印度洋上的主宰

葡萄牙人為了成為這個地區的商業主宰，與威尼斯人、尤其是回教徒等競爭者展開了激烈的鬥爭。

　　東非的一些港口如蘇法拉、莫三比克與蒙巴薩，很快就落入他們手中。1510年，阿爾布克爾克的船隊占領了印度港口果亞，這是波斯、阿拉伯與印度間的貿易中心；之後不久，船隊又登上馬來亞的馬來半島。1512年，由阿勃厄指揮的遠征到達了摩鹿加群島，也就是令歐洲人垂涎的香料的發源地。

葡萄牙人的帝國在這個地區是由一連串沿著非洲與印度海岸設立的商行所組成，這些商行並且受到防禦工事的保護。非洲的聖若爾熱達米那提供奴隸和黃金*。印度的果亞島除了是與遠東聯絡的驛站，更是1505年後由印度總督阿爾梅達所治理的這個龐大海上帝國的首都。葡萄牙人從1557年起控制的澳門則支配著與中國和日本的貿易。

36

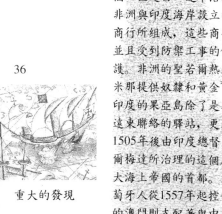

重大的發現

葡萄牙人隨即在澳門建立起與中國的聯繫。1543年，他們成為首批深入日本的歐洲人。

他們在幾年的時間裡，建立起一個以印度洋為中心的龐大商業帝國，並扮演著提供歐洲人東方珍貴商品的角色。不久，在16世紀末，對香料產地的爭奪引起了葡萄牙人與西班牙人、以及後來與荷蘭人之間的大爭奪。

里斯本港

在里斯本港的塔吉，人們正將貨物裝上準備開往印度的商船。這五艘大噸位的帆船*在春天出發，好在秋天時抵達果亞。這些船載滿珍貴的商品後，便又從果亞返回。如果風向配合的話，來回只要一年的時間。這項由國家壟斷的貿易替主控的葡萄牙國王帶來了可觀的收益。

在日本的商行

負有傳播基督教使命的傳教士緊跟著商人而來。耶穌會的創建者伊格納斯·德·羅耀拉的學生方濟·沙勿略1542年到達果亞，他從果亞出發，走遍了印度，並往返於印度洋。他1559年又抵達日本，並使數以千計的人皈依了基督教。但是，他的後繼者後來卻被逐出日本。

37

重大的發現

征服者

印第安人的苦役

西班牙人殘忍地剝削著印第安人，強迫他們在農地裡或礦坑中做苦工。無盡的虐待以及歐洲人帶來的新疾病首先使安地列斯的印第安人大量死亡。殖民者為了找人來代替他們做工，1510年開始從非洲進口黑人奴隸。一直到修道士巴托洛梅·德·拉斯卡薩斯等西班牙人披露了征服者的殘酷暴行後，關於保護印第安人的法案才被頒布。

光榮與財富

新大陸剛被發現就馬上成為冒險家的獵物，吸引著他們進入這個廣大卻又陌生的地區。

西班牙征服者為榮譽與財富吸引，一度成為「西印度」居民的統治者。他們的人數雖然不多，卻擁有印第安人陌生的武器：馬、大砲與鐵製武器。

西班牙征服者以加勒比群島為基地，發起了對美洲中部沿岸的攻擊。

1510年左右，巴爾博亞在巴拿馬地峽上控制著一個名叫「黃金的卡斯蒂略」的殖民地，並肆無忌憚地剝削印第安人。這些印第安人被迫忍受種種虐待，所有的黃金也都被搶走。

38

重大的發現

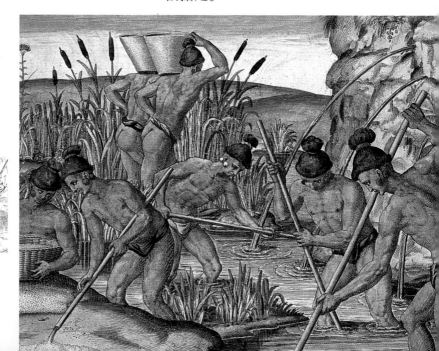

1519年，埃爾南·科爾特斯率領一支由00人、14門砲、16匹馬與11艘船組成的軍家在墨西哥登陸，為了防止士兵逃跑，他還鑿沉了所有的船。他繼續深入內陸，發現了可茲特克人以及他們的財富。他在兩年的時間裡，使這個被重新命名為「新西班牙」的古老帝國的人民大量死亡。科爾特斯的軍隊聯合八萬名與阿茲特克人敵對的土著，共同包圍了首都特諾奇提特蘭城，並在1521年攻陷了這座城市。西班牙人摧毀寺院，屠殺僧侶，不久又強迫居民改信基督教。西班牙人在首都的廢墟上建立了一座新的城市——墨西哥。

科爾特斯與蒙提祖馬

在皇帝蒙提祖馬統治時期，便有些徵兆預示了阿茲特克帝國的滅亡。由於科爾特斯的到來與可怕的羽蛇神*相結合，阿茲特克人便因恐懼而未對入侵者進行任何的抵抗。1519年11月，西班牙人進入了首都，發現阿茲特克文明的財富。

殘忍的宗教儀式

阿茲特克人認為，應該用人血來奉養眾神。在舉行宗教儀式時，僧侶用燧石做成的刀殺死做為祭品的人。

重大的發現

征服印加帝國的西班牙征服者

弗朗西斯科·皮薩羅(1475-1541)為了獲取利益和財富而來到西印度，並利用印加帝國因內戰而分裂的時機，在最短的時間內征服了這個帝國。後來，他與同謀的迪亞哥·德·阿爾馬格羅在瓜分領土時發生了嚴重的衝突，發動叛亂的阿爾馬格羅1583年時遭到處決。三年後，皮薩羅也在利瑪的宮殿裡被謀殺。

埃爾多拉多黃金帝國

埃爾多拉多（「黃金人像」）王國的神話驅使著西班牙征服者去探索新的領土，但卻從沒有人發現這塊傳說中的土地。相反地，西班牙人無意去開採的礦山裡卻蘊藏著大量的黃金*。

重大的發現

在南美洲的中心

渴求黃金*與征服新地區的西班牙人又發起其他的遠征來到更遠的地方。1539年，皮薩羅的兄弟岡查羅開始向東行進，跨越安地斯山脈的障礙，進入了赤道地區的廣大叢林。接著由他的助手弗朗西斯科·德·奧爾拉那帶著一支縮減後的隊伍繼續他的路程；奧爾拉那1504年到達一條他命名為「亞馬遜河*」的廣大河流的匯流處，他順河而上，最後到達了面對大西洋的亞馬遜河河口。

佩特羅·德·瓦爾蒂維亞1540年時向著大陸東南方前進探險。隨著他的推進，他同時也進行著探險、征服與殖民。沿著安地斯山脈，他建立了法耳巴拉索與聖地牙哥，這兩座城市皆屬於智利——一個新的西班牙殖民地。

印加黃金帝國

西班牙征服者皮薩羅沿著南美的西海岸航

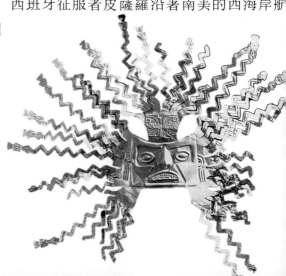

了，企圖找到一個傳說中擁有龐大財富的王國。

經過1531年開始的三次遠征後，他到達了印加帝國的中心。1533年，他帶著一些人進入卡亞馬爾卡城，囚禁了印加皇帝阿塔瓦爾帕，雖然阿塔瓦爾帕提供了大筆贖金來換取自由，但最後還是被處決。庫斯科城因此落入西班牙人手中，並遭到大肆掠奪。1535年，在海岸附近建起利瑪城（又名「新卡斯蒂略」）以做為祕魯首都。

穿越印加帝國

印加帝國在15世紀的鼎盛時期曾延伸至南美洲的東部。以首都庫斯科為起點，一個16000公里的交通網縱橫交錯於帝國內。然而，克服自然障礙的吊橋與隧道卻也方便了後來西班牙人的征服。

重大的發現

深入加拿大印第安人地區的皮貨商

從16世紀起，以毛皮貿易維生的獵人*就常走在正深入北美內地探索的冒險家的前頭。他們在河流上航行，在森林中追逐，設置陷阱捕捉動物以取得毛皮來賣。他們有時與教授他們狩獵技術的印第安人建立起特殊的關係，但是，這種貿易的氾濫卻擾亂了印第安人的生活方式，引起部落間的流血衝突。

42

重大的發現

當西班牙征服者發現廣大的阿茲特克帝國與印加帝國時，北美洲仍然是一片神祕的、不為人知的土地。印第安部落遼闊的狩獵區成了1520年後在此地探險者的獵物。

在北美大陸的內地

縈繞著黃金*美夢的西班牙人，在北美內地相繼開始探險。潘維洛·德·納瓦埃與埃爾南多·德·索托從弗羅里達登陸，率先展開了遠征，不過這次探險後來以失敗告終。另一些人則從墨西哥沿太平洋海岸而上。1539年，弗朗西斯科·德·烏羅兒確認了加利福尼亞灣；1543年，羅德里克·卡伯里奧抵達了日後的舊金山。弗朗西斯科·瓦斯克埃·

德·科羅納多繼續往內地深入，1542年到達今天的堪薩斯。在這段時間裡，賈西亞·洛佩斯·德·卡德納斯抵達了大峽谷附近。

密西西比之路

另一方面，定居在加拿大的法國人正在尋找新的道路，以發展毛皮貿易。1682年，羅貝爾·卡瓦利埃·德·拉·薩勒(1643–1687)沿著新發現的密西西比河順流而下，一直來到了河口的三角洲。在這裡，他以法國國王的名義佔有了剛剛經過的地區，並取名為「路易斯安那」，以表示對路易十四的敬意。

後來麥里威勒·路易斯與威廉·克拉克在1804年到1806年間，用了許多方法來探索這片剛剛讓給美國的領土，並繪製了這個地區的地圖。他們一直向西前進，最後抵達了太平洋，為未來的開拓者開闢了一條道路。

從東到西

亞歷山大·馬更些爵士(1764–1820)，是一位定居在加拿大的蘇格蘭人。他1789年向西出發，去尋找一條直通太平洋海岸的航道。他所航行的河川後來轉向了北面，流入北極海，今天這條河就是以他的名字來命名。他在1793年另一次新的出征中，終於達成目標，成為第一個由東向西橫越北美洲的歐洲人。

北美的印第安人

北美洲生活著150萬按部落聚居的印第安人：易洛魁人、休倫人、在大平原上追獵野牛的蘇族人（即達科他人）……。他們沒有文字，臉上的圖畫與羽毛頭飾是部落間的一種溝通方式。

43

重大的發現

「科學」探索

巨大的帆船

繼首批遠征所使用的小噸位快速帆船之後，18世紀時出現了一種船身更大、船腹更廣的大帆船——三桅戰船。這些船利用金屬零件來加固用橡木做成的船體，改造後的船帆也更利於操作。不過，航海家寧可選擇像軍需品運輸船*或運煤船這樣全長超過40公尺的載重船來從事海上探險。

從18世紀開始，財富的吸引與冒險的慾望不再是探險的唯一動力，對科學的好奇也成了一個重要的動機。這種好奇心引導著急欲增長知識的航海家、地理學家、植物學家或地質學家去穿越海洋與大陸。

天文學與鐘錶業的進步改善了航海儀器和設備，也因此協助了新的探險旅行。船鐘的發明可應用於經度*（即與本初子午線*相對的東西向位置）的計算；由一組鏡子構成的六分儀則用來測定緯度*，取代了星盤*和1595年所製的戴維斯四分儀。科學航行的時代就此展開。這些航行不但減少了誤差和碰運氣的成份，所帶回來的知識也使得地圖繪製學、自然科學與人文科學有了長足的進步

46

科學的探索

由國家資助與組織的旅行

為了使科學探險能夠順利進行，需要有資金與技術方面的幫助，而這種幫助只有歐洲國家的政府有能力提供。學術協會*與研究機構中的地理學家則負責科學探險的準備工作，他們把旅行報告歸檔，將有關地圖公諸於世，並確定需繼續進行的路線。

遠征的領袖往往由具有高度科學水準的海軍軍官擔任，出發前並給予他們一些關於需要探索的地理區域以及需要搜集的情報類型的指示。

為了改善船員的健康，1704年設立了第一所航海醫學與外科學校。船員經常因為疾病而大量死亡，尤其是因為壞血病。由於壞血病是因缺乏維生素C而引起，所以從1785年起，英國海軍的日常食物中一定要準備檸檬。

六分儀

它能使航海家準確地計算出自己在海上的位置。

珍貴的植物

植物學家也參與了探險旅行。他們把一些陌生的樹、花、水果或蔬菜等帶回歐洲。在可能長達數月的行程中，要用木製的箱子和燈心草編成的簍筐來保護這些嬌嫩的植物。

47

科學的探索

奔向南半球

德・布甘維爾伯爵
他1771年發表的《環球之行》中，描述了他遠征的經歷，引起廣大的回響。

一個南半球的大陸
古代地理學家認為，南半球應當存在一個與北半球相似的主體，這樣地球*才能保持平衡。1570年，地圖繪製者亞伯拉罕・奧特留斯描繪了一塊與南美洲盡頭相連的廣大領土。澳大利亞的北海岸也根據歐洲航海家的描述被勾勒了出來；這些航海家在1521年後，就循著麥哲倫遠征的路線在太平洋上來回往返。

48

科學的探索

歐洲探險家三個多世紀來的發現使得人們對世界地理的認識產生了巨大的變化。不過，一個關於南半球的神話仍繼續存在於18世紀：南方有個使地球*保持平衡的大陸，那裡無邊無際，遍地是寶。

不為人知的南半球

控制著南海的荷蘭人18世紀時展開了多次的探險旅行，他們發現了澳大利亞的西海岸，但沒有在那裡定居。阿貝爾・塔斯曼(1603–1659)1642年繞過了這個巨大的島嶼，不過他從未登上島去。

途中，他經過了塔斯馬尼亞海岸，接著在東部更遠的地方遇到紐西蘭海岸,在北邊他則沿著新幾內亞航行。不過，他還是沒有解開著名的南半球大陸之謎。

大洋洲的法國人和英國人

767-1769 年間，法國人路易·安托萬·德·布甘維爾 (1729-1811) 進行了一次環球旅行。在南太平洋，他登上了一年前由英國航海家沃利斯所發現的大溪地島，不過，布甘維爾並不知道這一點，他以法國國王的名義佔有這座島後，就把它命名為新西戴爾；布甘維爾把這座島描繪成人間天堂。他環球之行所帶回的攀緣植物九重葛被稱為「布甘雀萊」，以表示對他的敬意。

拉·佩魯斯 (1741-1788)1785 年從布雷斯特出發進行新的環球之行，試圖在太平洋的探險中與英國人抗衡。但是，這次環球之行卻悲劇性地結束：1788年，「指南針號」與「星盤號」在所羅門群島中撞上了瓦尼科羅的暗礁，人船俱亡。

路易十六與拉·佩魯斯

熱愛地理學的路易十六正監督著拉·佩魯斯在探險前的準備工作。這次航行的目標是要確認阿拉斯加海岸和堪察加海岸，繼續早在20年前路易十五統治時期即已在進行的太平洋探險。參與航行的學者與工程師們擁有更完善的科學設備：船鐘、六分儀、輕便的觀測儀器以及繪製新地圖用的圓規。

49

科學的探索

在太平洋中央

1768 年 8 月 28 日，由英國人詹姆斯·庫克(1728-1779)指揮的「努力號」越過了普里茅斯的錨地。庫克27歲時加入皇家海軍，成為一名水手，不過，他很快就獲得晉升。這一次是他負責的一系列遠洋航行中第一次的航行。

英國海軍部交給他一項科學任務，要他在太平洋的大溪地島上觀察金星經過太陽前面的情形；另外還有一個祕密指令：確定著名的南半球大陸的位置，好把它納入大英帝國的領土。在歷時三年的第一次航行中，他登上了大溪地島，同行的科學家並收集了許

永不疲倦的
詹姆斯·庫克

沒有任何預兆顯示庫克會成為一位偉大的航海家。他身為約克郡農場工人的兒子，第一次出海坐的是運煤船，並在商船隊中度過十年光陰。他很快就成為一名卓越的探險家，以及一位關心船員生活的船長。

奇怪的有袋類
哺乳動物

庫克及他手下的船員在澳大利亞登陸，成為最早發現袋鼠的歐洲人。他們感到非常驚奇，科學家也不知如何去確定這些動物的種類。庫克寫道:「人們或許會把牠們當成野狗，但是牠們卻又會像野兔一樣地跳躍。」

50

科學的探索

多關於土著的資料；此外，他也勘察了紐西蘭與澳大利亞東部沿岸，並精確地畫下了它們的輪廓。

面對兩極地帶的大浮冰

772年7月，庫克帶著兩艘運煤船「決心號」與「冒險號」展開環球航行。他靠近了南極圈，遭遇到大浮冰和冰山的障礙，於是，他瞭解到南半球的大陸——南極洲確實是存在的，只不過位在更南的地方。南極洲遠不如地理學家想像的那樣遍地是寶，反而是一個極為寒冷、無法居住的地方。

博坦尼灣

庫克在第一次旅行時，把澳大利亞東岸一個動植物種類豐富的地方叫做「博坦尼灣」，科學家班克斯與索蘭德在那裡採集了許多不知名植物的標本。

51

庫克選擇在英國惠特比的造船廠所建造的運煤船來進行他三次的探險旅行。整理後的廣大貨艙可以容納所有的食物和必要的科學設備。船上的船員和科學家加起來總共有一百多人。

科學的探索

一條通往東北的通道？

極地的冬天

巴倫支在第三次遠征中，因為船撞上冰山，而被迫從撞壞的船上取下木板搭建簡陋小屋來度過嚴冬。1597年他就在那兒犧牲了生命。三個世紀後，挪威的漁民發現了小屋的殘骸，裡面有巴倫支與同伴們的遺物。

科學的探索

當庫克在1776年展開第三次、也是最後一次旅行時，他試圖去實現航海家長久以來的一個夢想：在美洲北部、大西洋與太平洋之間找到一條通往東北的通道。自16世紀以來，不少冒險家與北極的冰塊搏鬥，進行這一探索。

穿越北極海

荷蘭人威廉·巴倫支(1550–1597)從1594年起組織了三次遠征。他向東北前進，直達俄國北部。他到達北極海中的新贊布爾，發現

北極海

這張地圖標示出巴倫支的航海路線，為捕鯨魚和海豹的獵人鋪好了路。這些獵人毫不猶豫地在極地的水域中冒險，載有他們觀察心得的航海日誌證明了他們也是極地探險活動的一員。

那威北部的斯匹茲卑爾根群島，並進入了喀立海。喀拉海的通道一年到頭有大部分的時間為冰所封鎖。

進入西伯利亞與阿拉斯加

725年，俄國的凱薩琳一世指派丹麥人維圖斯·白令(1681–1741)到西伯利亞與阿拉斯加（當時還是俄國領土）海岸探險。他發現了今天以他的名字命名的白令海峽，但是他還不知道自己找到了通往太平洋的通道。

1777年，庫克穿越太平洋北部，進入了白令海峽，但是無法穿越的大浮冰卻迫使他就此折回。瑞典航海家阿道夫·諾登舍爾德(1832–1901)利用精確的地圖，終於在1879年的航行中證明，白令所發現的海峽確實是隔開亞洲與美洲並可通往太平洋的通道。

俄國人重要的遠征

俄國的君主18世紀時交付給外國探險家許多重大的任務。白令率領一隊軍官與學者在1725年啟程，並發現了白令海峽。他1733年再次出發，進行新的遠征，抵達了千島群島、阿留申群島以及阿拉斯加海岸。白令1741年死於壞血病。

53

科學的探索

深入內陸的旅行

南美洲在飽受西班牙征服者兩個世紀以來想
所欲為的掠奪後，18世紀時成了許多重要的
學者和科學家注目的焦點。地球物理學家、
數學家與博物學家滿懷熱情地去探索這個尚
未開發的大自然，準備一一去解開它內在的
謎。

早期在祕魯研究的學者

法國人夏爾・瑪麗・德・拉・孔達米納
(1701-1774)接受巴黎科學院的委派，去測量
赤道以確定地球確切的形狀。在為期十年的
研究期間，她到過安地斯火山，接著又進入
亞馬遜的「綠色地獄」，收集到各式各樣的觀
察資料。

橡膠

拉・孔達米納把一種三葉橡膠樹的標本帶回歐洲。這種樹會分泌一種有彈性的汁液，人們可從中提煉橡膠。

貝茨的蝴蝶

英國人亨利・貝茨
(1825-1892)和朋友阿
弗雷德・華萊士在亞
馬遜叢林探險時，發現
了歐洲人所不知道的巨
嘴鳥，並整理出8000種
新的昆蟲種類，其中包
含800種的蝴蝶品種。貝
茨在速寫本上精確地畫
下了這些蝴蝶，而且還
塗上了顏色。

54

科學的探索

渴望知道一切的傑出科學家

0年後，德國人亞歷山大·馮·洪堡(1769–859)與法國人埃梅·邦普朗(1773–1858)循著拉·孔達米納的路出發了。這兩位年輕而出色的學者在漫長的探險期間 (1799–1804)結伴而行。這趟旅行在對美洲大陸的認識上有著決定性的貢獻。他們不知疲倦，在好奇心的激勵下，不斷在地理學、植物學、地質學與人種學*的領域中，反覆進行注釋、速寫、測量與抄錄的工作。他們冒著生命危險，沿奧利諾科河而下，越過欽博臘索火山，跑遍祕魯安地斯山脈結了冰的山坡，在那裡研究印加的遺跡。他們乘船沿著海岸航行，發現了一股規律的寒冷海流，裡面有許多魚群，也就是所謂的祕魯寒流。經過五年的旅行後，他們回到了歐洲，並且受到英雄式的歡迎。

一次偉大的
科學旅行

兩位博物學家洪堡和邦普朗利用一種先進的器材，收集到豐富的資料。他們帶回了5800種植物，其中3600種是不知名的。洪堡根據他們的速寫畫了許多準確的圖來詳細解說他們的旅行。這些旅遊報導總共有29卷之多！

55

科學的探索

達爾文

他醉心於博物學之前研究的是神學與醫學。他非常崇拜洪堡,認為他是「前所未有的、最偉大的科學旅行家」。

達爾文沿著南美洲旅行

一名年輕的英國博物學家查爾斯・達爾文(1809–1882)1831年登上皇家海軍的「比格爾號」,展開探險旅行。達爾文的目標本來是要繪製南美洲海岸的地圖,但是真正使他聲名大噪的卻是他另外的發現。

在「比格爾號」沿著南美大陸海岸航行的旅程中,達爾文每一站都有機會到內地去觀察研究,他把途中收集到的所有植物、動物與岩石的標本都做了登記與歸類,並把它們寄回英國。他回國後便提出了「進化論*」的理論。

達爾文在阿根廷的彭巴草原*和「高楚人」一起獵捕和鴕鳥有點相像的「美洲鴕」,當時歐洲人還不認識這種鳥類。在巴塔哥尼

加拉巴哥的燕雀

在加拉巴哥的火山島上,達爾文發現了人們在其他地方從未見過的珍奇動植物。這些動植物與原先生活的大陸分離後,隨著時間也逐漸適應了島上的環境,成功地存活並繼續繁衍。這些燕雀的喙便是為了因應不同的覓食情形而產生演變。

科學的探索

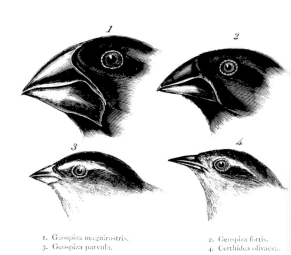

1. Geospiza magnirostris.
2. Geospiza fortis.
3. Geospiza parvula.
4. Certhidea olivacea.

亞高原，他發現了一種大型史前生物的化石。
在安地斯山脈，他又靠近一座噴發中的火山。
在奇洛埃島，他甚至經歷了一次地震！

加拉巴哥群島之謎

1835年9月，遠征隊登上了太平洋中距南美
西北海岸1000公里處的加拉巴哥群島。達爾
文在那裡發現了鬣蜥、大海龜（西班牙話唸
作「加拉巴哥」）、燕雀以及其他特有的動植
物。這些驚人的發現使他23年後，也就是
1859年發表了《物種源始》這部革命性的著
作，書中提到他研究地球上生物進化的理論。

「比格爾號」

在達爾文1831年登上
「比格爾號」進行歷時
五年的旅行之前，這艘
船就已經作過一次環球
航行。「比格爾號」中途
在加拉巴哥群島停留，
然後繼續穿越太平洋，
航向紐西蘭和澳大利
亞，接著又再前往南美
洲。在1832年2月到
1836年1月之間，達爾文
在船上進行了主要的研
究工作。他直到1836年
10月底才返回英國。

57

科學的探索

一萬法郎的獎金

巴黎地理協會在1820年左右設立了一項一萬法郎的獎金給到過廷巴克圖並活著回來的探險家！這筆獎金最後頒給了卡耶。他1828年時在廷巴克圖城內待了幾天，接著又在難以忍受的條件下穿越了撒哈拉沙漠，抵達摩洛哥，並在那裡被遣送回國。卡耶對這個傳說中的富裕之都的描述徹底摧毀了有關的神話。

交戰中的居民

在西非內陸探險的歐洲人受到了當地居民的敵視。部落之間由於獵獵了好幾個世紀的奴隸買賣*而引發了不斷的戰鬥，較強大的部落甚至組織起真正的軍事行動。

科學的探索

58

歐洲人從15世紀開始便沿著西非海岸建立一些商行，作為與新大陸進行「三角貿易*」的中繼站。那些從18世紀末起就在非洲內陸冒險的人們遇到了最艱辛的考驗：熱帶疾病（如瘧疾*）、乾旱與酷熱。

對尼日河的勘測

1788年，「發現非洲內陸促進會」宣告成立，曾和庫克一起探險的約瑟夫・班克斯爵士(1743–1820)，對這個地區展開了科學探險。

1794 年，蘇格蘭人蒙哥・帕克 (1771–1806) 被選派去對尼日河進行從發源地直到出海口的探測。他終於在 1796 年抵達尼日河，同時也證明它是向東流的。但是他1805年時的第二次航行卻成了一場大災難——他

在途中遭遇的一次埋伏裡喪生。1830年，理察‧蘭德與約翰‧蘭德沿著尼日河而下直到通往幾內亞灣的河口三角洲，才總算完成了帕克未竟的志業。

廷巴克圖——神祕的城市

尼日河畔的廷巴克圖仍舊蒙著一層神祕的面紗。它不但是傳說中的富裕之都，更是歐洲人無法進入的回教中心。

在19世紀初，無數的探險家夢想著能夠進入此地。英國人戈登‧蘭恩(1793–1826)在1826年進入了這座禁城，但也死於這裡。法國人勒內‧卡耶(1799–1838)1828年4月化裝成一位阿拉伯人來到這座城市，他感到極度的失望，因為廷巴克圖不過是一座又骯髒又荒涼的城市。從此以後，廷巴克圖的光芒就永遠消失了。

在撒哈拉沙漠中

德國地理學家海因里希‧巴特(1821–1865)參與了一次英國人的遠征，走遍了撒哈拉。他從1848–1855年探索了查德湖、貝努埃河與尼日河，然後在廷巴克圖停留。他途中遇到一些因奴隸買賣*發財的統治者，並試圖說服他們停止這種買賣。他還收集了許多關於這一陌生地區的居民和歷史的資料。他的考察為科學探險樹立了一個極好的榜樣。

科學的探索

傳教士還是冒險家？

非洲大陸上無窮無盡的河流、難以穿越的森林以及廣大無邊的未知地帶，擁有一股無法抵擋的魅力。19世紀時，傳教士、新聞記者還有各種冒險家，經常是搶在殖民者的前頭冒著生命危險去從事偉大的探索。

在非洲的大河上

蘇格蘭的新教傳教士大衛·李文斯頓(1813-1873)從南非北上來到非洲南部的內地。他穿越喀拉哈里沙漠來到恩加米湖，接著1855年時又到達贊比西瀑布。1865年，他奉派去尋找尼羅河的源頭；其實1862年時，英國人約翰·漢寧·斯皮克(1827–1864)就已經探索

探險家與搬運工
由於「昏睡病」在熱帶非洲肆虐，探險家沒有辦法利用動物來搬運東西，只好求助於當地的搬運工。數以百計的人背著帳棚、化石、藥品以及要送給部落首領當作過路費的禮物，在不易穿越的地區內舉步維艱地前進著。

60

科學的探索

過尼羅河的源頭，只是他沒有帶回足夠的證據來證明他的發現。然而，幾個月後，李文斯頓卻失蹤了，《紐約先鋒論壇報》便委託一位住在美國的英國記者亨利·莫爾頓·斯坦利 (1841–1904) 組織一次大規模的遠征去尋找他。斯坦利經過疲憊不堪的長途跋涉後，終於在坦干伊喀湖地區找到了病魔纏身、但總算還活著的李文斯頓。後來，斯坦利便試著想完成李文斯頓未完成的事業。

斯坦利在1874–1877年間探索了阿伯特湖與坦干伊喀湖，並證實尼羅河發源於維多利亞湖；接著他又沿著當時叫做剛果河的薩伊河繼續到下游去探險。同一時期，法國軍官皮耶·薩沃尼昂·德·布拉扎 (1852–1905) 也從大西洋沿岸出發往內地去探索奧果埃河及其流域，後來這片地區便成了法屬剛果的一部分。

斯坦利的
無甲板小船

斯坦利在穿越赤道非洲時並沒有對金錢斤斤計較：他雇用了數以百計的搬運工和嚮導，也使用專為這次旅行設計的昂貴設備。1877年，他用一種可拆卸的鋼板來製作小船，以對抗薩伊河中的瀑布和急流。此外，斯坦利也為自己的考察行動大做廣告。

與李文斯頓相遇

當斯坦利1871年底找到李文斯頓時，他說了後來很著名的這句話：「我想，您是李文斯頓博士吧？」這位傳教士的偉大成就深深感動了英美大眾，斯坦利也同樣非常欽佩李文斯頓。在30年的探險生涯中，李文斯頓在非洲內陸行走了五萬公里，最後在1873年一次新的探索中去世。

61

科學的探索

一次悲劇性的冒險

伯克和威爾士為了穿越澳洲大陸，付出了可觀的金錢。他們是最早利用可以適應惡劣氣候的駱駝（從印度進口）來探險的人。然而，他們對這個地區的陌生和之後所犯下的錯誤，卻使得這次的遠征變成一場悲劇，不過，至少他們證明了由南向北穿越澳洲是可能的。

穿越澳大利亞

19世紀中葉，來自歐洲的移民在澳大利亞東海岸與南海岸建立了一些城市，但是，廣大的內陸地區依舊無人探索。1859年，南澳大利亞的政府提供一筆獎金給第一位從南到北穿越大陸的人，於是，比賽就此展開……。

愛爾蘭人羅伯特·奧哈拉·伯克(1821-1861) 與英格蘭人威廉·威爾士(1834-1861)1860年8月率領一支由馬和駱駝組成的隊伍，率先從墨爾本出發，他們在距墨爾本 645 公里的庫伯斯克里克基地貿然拋下了遠征隊大部分的成員，只帶著兩名同伴繼續進行他們的旅程。他們1861年2月時成功地抵達了北海岸，可是隨即就在回程中喪生。

廣闊無垠的內陸沙漠

這筆獎金最後落入了對這一地區有良好認識的蘇格蘭探險家約翰·麥克道爾·斯圖亞特(1815-1866)的手中。

科學的探索

他1861年11月從南方的阿得雷德出發，三個月後，也就是1862年1月抵達了達爾文港附近的北海岸。

1840–1879年間，對澳洲大陸西部的探險正如火如荼地進行，但是，人們卻逐漸發現地理學家的假設是錯誤的，這一點在1903年確立澳洲大陸輪廓時，也同時獲得了證實。假設中存在於澳大利亞內部的廣闊內海或是被沃土所包圍的航道，事實上只是覆蓋著鹽的廣大湖泊或是大片乾旱的土地而已。沙漠的四周只有僅能大規模放牧的牧場。

內海？

有不少探險家前往澳洲大陸尋找內海，如1840年的愛德華·埃爾以及1844年的查爾斯·斯圖爾特，但他們所遇到的卻只是廣大的沙漠。

土著

這些以狩獵與採集維生的澳大利亞土著，為了適應困難的自然環境，發展出特有的狩獵技術，也學會利用動植物來製作藥品。他們通常是敵視歐洲探險家的，但有時也會表現出合作的態度。

63

科學的探索

冰凍的河流

冬天來走距離遙遠的路程就要方便多了，人們可以利用狗、馬或馴鹿拉的雪橇在冰凍的河道上前進。

穿越西伯利亞

俄國人為了向東擴展領土，從16世紀開始便對烏拉山以東的廣大地區進行探險。

哥薩克人伊馬克

有許多故事都描述了伊馬克16世紀時展開的西伯利亞遠征，其中有些還附有插圖。這位傳奇英雄是18世紀時積極參與邊疆探索的哥薩克冒險家的典範。牢牢團結在一起的哥薩克人為了保有自己的自由，頑強地與社會上的權貴階級相對抗。中央政府因此相當顧忌哥薩克人，於是毫不猶豫地鼓勵他們繼續向東發展。

64

科學的探索

奔向新土地的哥薩克人

富有的斯特洛加諾夫家族推動了第一次的遠
征，他們曾建立商行以發展毛皮貿易，同時
也組織了一支由首領鐵穆費耶維奇·伊馬克
統帥的哥薩克人部隊。這支隊伍不斷地進入
這個地區的內部活動，最後終於擊敗了韃靼
人，並在1850年左右越過了鄂畢河。

奔向東方的西伯利亞

7世紀時，哥薩克人不顧當地居民的抵抗，
利用像葉尼塞河、勒那河和科累馬河這樣由
南向北流的大河繼續向前推進。1639年，莫
斯科人再度回到了太平洋。德耶納夫穿越了
遲至1725年才由丹麥人白令發現的白令海
峽，並在1648年時到達西伯利亞的盡頭。

俄國統轄的領土在18世紀時不斷地擴
張，各個民族逐漸地被納入沙皇彼得一世組
織中的帝國。

這些不帶有任何科學目的的探險揭示了
西伯利亞豐富的毛皮資源，並立即吸引了大
批追捕黑貂、白鼬和河狸的獵人。

19世紀末，連接莫斯科與海參崴的西伯
利亞大鐵路的建造完成了對西伯利亞的征
服，也使得這片到1910年仍不為人所知的地
區有了進一步開發的機會。

眾多民族拼成的「鑲嵌畫」

烏拉山以東廣大的西伯利亞地區生活著許多語言、習俗和生活方式各不相同的民族。薩莫耶德人、奧斯加克人、布里亞特人和圖恩古斯人等主要民族都深深受到了入侵的土耳其人與蒙古人的影響。左圖是一個薩莫耶德人，右圖則是圖恩古斯人。

科學的探索

騎在犛牛背上

印度人騎著犛牛或馬走遍了西藏，他們學會根據自己的步伐或坐騎的步伐來測量距離。

拉薩城

在這幅18世紀的畫中，達賴喇嘛的住處布達拉宮聳立在西藏首都拉薩的中心。被視為是佛祖轉世的達賴喇嘛同時是西藏地區的統治者和宗教領袖。歐洲耶穌會的傳教士*從17世紀起就陸續來到拉薩，不過他們想在此建立教區的心願始終沒能達成。

科學的探索

神祕的西藏

自1792年起即對外封閉的西藏，位於世界_最高的山嶽之中，直到20世紀初都還是一個幾乎無法進入的地區。

只有某些勇氣十足、堅忍不拔的歐洲人穿越了群山，成功地進入這一無人探索的孤立地帶。

通往拉薩的道路

1811年，英國人湯瑪斯・曼寧成為第一個對抗禁令的外國人，他越過南部的不丹關卡，來到了西藏首都——聖城拉薩。

十幾年後，雷吉斯・埃瓦里斯特・宇克和約瑟夫・加佩這兩位法國人，背負著到這一地區傳播天主教的使命，循著曼寧的足跡出發了。

1844年，這些傳教士離開中國，穿越了寒冷的蒙古大草原。途中，他們加入一個正向拉薩前進的大型駱駝商隊，並在1864年1月抵達拉薩。但是一個月後，當時治理這個地區的中國皇帝所派遣的使節就強迫他們離開了西藏。

在西藏的英國人與俄國人

英國人與俄國人20世紀初為取得這個地區的控制權而展開了激烈的競爭，他們分別發起了一系列的地理探險來瞭解地形並繪製地圖。

統治著印度的英國人為了要進一步確定在他們殖民地北側的西藏的地理情況，從1860年起就派遣許多印度人喬裝進入西藏收集情報。1903年，弗朗西斯・楊格哈斯班德爵士與西藏當局簽訂了一項條約，要求西藏對英國人以外的其他外國人關閉這個地區的入口。不過這項條約並沒能阻止原籍比利時的法國女探險家亞歷珊卓・大衛－內爾進入這塊禁地。她1924年時化裝成一位西藏香客來到拉薩，成為第一位進入這座禁城的西方婦女。信仰佛教的她也寫了許多佛教方面的書籍。

一位在拉薩的歐洲女子

大衛－內爾 (1868–1969) 不顧禁令的約束，堅持去實現自己的夢想，最後終於進入了西藏並到達拉薩。她憑著非凡的毅力研習了佛教和藏語。她回國後在《一位巴黎女人在拉薩的旅行》一書中描述了自己非比尋常的奇遇。

67

科學的探索

印度支那的中心地帶

鄰接東南亞海岸的諸海從16世紀起就是歐洲人的交通要道，但是，這個地區一直鮮為歐洲人所知，直到20世紀的殖民者受到政治與商業野心的驅使，才發現這個地區的特色與財富。

湄公河與紅河

法國人的探險證明了波浪滔天的湄公河無法通航，然而，注入東京灣前連接著中國與印度支那北部的紅河卻是一條可以利用的商道。

湄公河的長度

1866年，厄尼斯特・杜達爾・德・拉格雷 (1823–1868) 率領一支法國探險隊來到了西貢，他奉命溯湄公河而上，以更深入地了解這個地區，同時也藉此顯示法國在印度支那佔有一席之地。湄公河這條長達4180公里的大河，由北向南穿越了中南半島，使中國內陸的富裕省分和交趾支那的法國殖民地之間的聯繫更為便利。

探險隊進入了茂密的熱帶叢林，並繞道來到了柬埔寨的吳哥窟，那裡聳立著已消失的高棉文明*宏偉的遺跡，拉格雷有系統地記錄下這些廢墟以及設置在道路上的碑塔。

經由湄公河抵達中國的願望很快地就落空了。拉格雷一行人在向北溯流而上時，遇到一連串的急流和瀑布，使得河川完全無法通航。他們改走陸路，一路上一邊觀察一邊

科學的探索

探險報告

加尼耶回到法國後，在一本科學著作中發表了旅途中收集到的豐富資料，路易·德拉波爾還為這些資料畫了水彩畫和水墨畫來補充說明。《環球之行》雜誌也曾發表過一篇相關的報導。這本雜誌和另一本雜誌《插圖》在對大眾宣揚法國的殖民事業上，都貢獻了相當大的力量。

記錄，1867年時來到了寮國的萬象和琅勃拉邦。後來，在中國南方的雲南省，筋疲力竭的拉格雷把任務託付給副手弗朗西斯·加尼耶(1839–1873)。加尼耶在歷經長達9600公里的跋涉後，終於在1868年抵達了上海。

吳哥窟遺址

1866年出發執行任務的拉格雷曾兩度前往吳哥窟，並制定了這個大型文明遺址最早的考古計畫。這個遺址是1850年由夏爾·布耶沃神父所發現的。

科學的探索

征服極地

愛斯基摩人的雪橇

為了穿越廣闊的冰雪地帶，極地的探險家像愛斯基摩人那樣，利用狗或人拉的雪橇作為交通工具。南森1888年穿越格陵蘭前，設計了一種既能在冰上滑行也能在雪地上前進的雪橇。極地的考察團在機動車發明之前將近一個世紀裡，都是利用這類型的雪橇來探險。

存在於地球兩端的兩極，是19世紀末的兩大地理之謎。征服極地的渴望引發了一場毫無節制的激烈競賽，也導致了無數的失望、苦難和悲劇。

　　1845 年開始的北極探險活動一個接著一個地邁向悲劇性的失敗，不過，它們至少證明了北極位於一個幾乎完全被浮冰覆蓋的大洋——北極海——的中心。

距北極402公里處

挪威人弗里德捷奧夫・南森 (1861–1930) 是第一個接近北極的人。他從1893年開始便駕著自己的船「弗拉姆號」，勇敢地在浮冰上漂流。這艘船經過特別的設計以抵禦冰塊的撞擊，儘管如此，船行的速度還是很慢。於是他只好利用狗來拉雪橇，並以步行的方式繼續前進。1895 年時，他到達距北極402公里的地方，這在當時已是所有探險家所到過的最高緯度*。

70

科學的探索

誰是真正的征服者？

有兩位美國人在當時也加入了這場競賽。羅伯特‧皮里 (1856–1920) 在工業家的資助下，於1886年到1908年間組織了八次探險。1909年4月6日，他在黑人助手馬修‧韓森及四名愛斯基摩人的陪同下，到達一個他確信就是北極的地方。然而，另一位探險家弗雷德里克‧庫克 (1865–1940) 卻也宣稱自己早在一年前，也就是1908年4月時就已經完成了這樣的探險。最後，皮里被宣布為北極的真正征服者，不過，論戰並未因此畫下句點……。

在北極上空

1926年，阿曼森與諾比爾乘著飛艇飛越了北極。同一年，理查‧伯德也駕駛飛機飛過北極。

危險的冰塊

在高緯度地區的海上有許多會不斷碎裂的大浮冰，這些浮冰有時可厚達四公尺，而且還會隨著風和水流到處漂移，使得航行極為危險。而一座座巨大的冰山卻對船體構成更大的威脅，因為它沉在水面下的部分往往比看得見的部分要大得多了。

71

科學的探索

海岸探險

從1837年開始進行的首批科學探險使人們發現了南極洲外圍的土地。法國人儒勒・杜蒙・都爾維爾在1840年踏上阿德利地，並在那裡插上法國國旗。美國的海軍軍官查理・威克斯上岸來到了「威克斯地」。英國人詹姆斯・克拉克・羅斯在1839–1843年間發現了維多利亞地區，還有後來以他的名字命名的海洋和冰棚。

科學的探索

奔向南極

對南半球這片完全為人忽視的遼闊大陸——南極洲——而言，19世紀時的捕鯨船是最早靠近沿岸的船隻。如果說1837年以來的科學探險勾勒出了南極洲的輪廓，那麼它的內部直到20世紀初都仍無人深入探索。

1908年，愛爾蘭人厄尼斯特・沙克爾頓(1874–1922)開始了南極探險的行程。他從羅斯冰棚出發，登上南極高原。然而，由於人員極度的疲憊加上食物的匱乏，他們在距目標180公里處被迫放棄。

大決鬥

1911年，兩支互相競爭的探險隊準備不惜任何代價前往南極。由挪威人羅爾德・阿曼森(1872–1928)率領的隊伍，是由四名習慣在極

地行走的同伴和十二隻拉雪橇的狗所組成的。這些狗的速度很快，平均每天可以前進30到40公里。重達一噸半的食物被安放在沿途三個不同的地方。1911年7月14日，他成功地抵達南極，回程出發前並在那裡留下了一頂帳棚。

與他們競爭的另一支探險隊是由英國人羅伯特‧法爾康‧史考特(1868-1912)所領導的。他選擇用小型馬來拉雪橇，而且也準備了替換的馬匹。然而，他的前進卻是緩慢而困難的，尤其當這些馬由於不耐惡劣的氣候而紛紛倒下後，筋疲力竭的人們甚至得自己拉雪橇。疲累不堪的他們終於在1月17日到達南極，也看到了挪威人飄揚的旗幟。阿曼森早在他們之前一個月就征服了南極。

歸途中的悲劇

史考特和同伴們在筋疲力竭的情況下，仍試圖返回692公里外的基地，但是八個月後，人們卻發現他們均已死亡。

極度失望的史考特

史考特在1912年1月17日看到阿曼森的帳棚後寫下了這一段話：「最糟糕的是，抵達時的第一眼就證明了一切，挪威人已經早我們一步到達這裡了⋯⋯。」

73

科學的探索

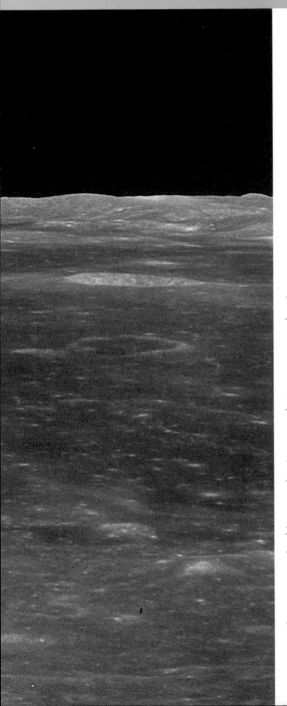

現代的探索

當今的探索

穿越南極洲

1958 年，一支由維維安・福奇斯率領的英國探險隊穿越了這片很晚才有人深入探索的冰雪大陸；這支探險隊利用履帶車來前進，共花了三個月的時間才從南極洲西部的北面走到南面。1990年，法國人尚一路易・艾蒂安改用狗拉雪橇來重新走一次相同的路程。艾蒂安的「跨越南極號」是所有在極地海洋中航行的船隻設計上的典範。

在太空中

繼1971年首次使用的登月小艇後，1984年又發明了會飛的太空椅！這種太空椅配備有壓縮空氣做成的小型動力火箭，所以最遠可在距太空梭100公尺的太空中，自由地從事探險活動。

76

現代的探索

正如同過去一樣，無比的勇氣、堅強的意志和強烈的求知慾望不斷地驅使著人們去探索新的領域。

幾乎被完全探索的地球

1920年後，人類的腳步已經踏遍我們星球除了最高峰、可怕的火山中心以及地球內部與海洋深處以外的絕大部分地區。接著，人類面臨了另一場新的挑戰——太空探險。

　　20 世紀的探險家為了要進入這些完全未開發的地區，不得不求助於先進的技術來應付可能遭遇的危險，後來，他們更逐漸變得愈來愈依賴它們。這些技術在改變自然界之前，先協助了科學考察的進行。

探險與先進技術

當今的科學家由於能夠掌握日益複雜的技術而成為從事探險的主力。科學超越了冒險，並且也剝奪了人們即使在最遙遠、最沒把握的考察中，都能獲得的對未知事物的直接觀察與深刻感受。然而，科學始終在創造新的挑戰，並且不斷豐富我們的想像。

黃色之旅

工業家安德列·雪鐵龍組織了1924年的穿越非洲之旅以及1931年的穿越中亞之行。這趟「黃色之旅」的目的是取道絲路連接起貝魯特和北京。這種新式探險遭遇到沙暴、機械故障、輪胎爆裂和道路不通等種種問題。

保羅－艾米爾·維克多 (1907–1995) 循著法國人尚－巴蒂斯特·夏爾科 (1867–1936) 的足跡，在極地進行了多次科學探險。他探索了格陵蘭，又和愛斯基摩人生活了一陣子，最後並在南極洲的阿德利地建立起法國的杜蒙－都爾維爾基地。

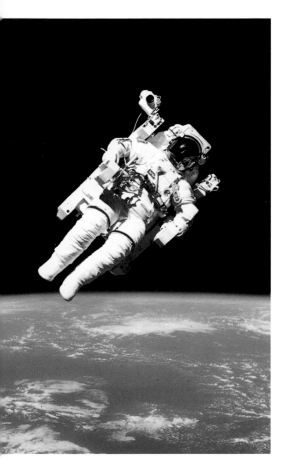

77

現代的探索

火山與地球內部

夏威夷的佩雷女神

雖然火山學這門新興學科正在蓬勃發展，民眾對火山的信仰卻依舊根深蒂固。在夏威夷，每年都會為選擇定居在基拉韋厄火山口的佩雷女神舉行讚美儀式。傳說如果佩雷女神發怒，就會引起可怕的火山爆發。

無底的深淵與噴火的火山所表現出的令人[
好奇又恐懼的超自然力量，不斷激發著人[
的想像。科學家從19世紀開始研究這些現象
試圖找出在背後運作的地質體系。他們的努
力為火山學和洞穴學這兩門發展中的新興科
學奠定了良好的基礎。

在火山中心

美國兩位火山學家湯瑪斯·傑各 (1871-
1953)和法蘭克·佩里特(1867–1943)在20世
紀初帶著精密的科學儀器，努力不懈地登
了遍布世界各地的數十個活火山。傑各在夏
威夷的基拉韋厄河畔建立了一個永久的觀測
站並收集到許多標本。佩里特則經常冒著生
命危險去拍攝火山噴發最猛烈時的景象。

78

現代的探索

冒著生命危險

火山學家在考察時須具備廣博的科學知識和極佳的體力，不過，儘管有精密儀器的輔助，危險性仍舊非常的高。法國火山學家卡蒂亞·克拉夫特與莫里斯·克拉夫特便在1991年日本雲仙火山爆發時喪生。

日本人大森 (1868–1923) 與水上 (1909–1985) 研究了日本的碓山、淺間和櫻島等火山，並提出某些地震與火山學間的關聯。冰島火山學家西古爾杜爾·托拉林森 (1911–1983)1963 年時很精確地觀察到冰島南部蘇爾特賽火山島的誕生。法國地質學家與火山學家哈隆·塔濟耶夫是國際火山研究所的創始人之一，也著有多本的科學著作以及好幾部紀錄片。

地底下的世界

法國人愛德華·馬泰爾 (1859–1938) 是最早對地球內部進行科學探險的人之一。他在深淵的底部冒險與研究，使我們發現了一個至今仍被埋沒的神祕世界。

法國地質學家與洞穴學家米歇爾·西弗爾1962年時進行了一項「脫離時間」的實驗——他在法義邊界的一個地下深洞裡完全孤立地生活了兩個月。

洞穴學

這門新興科學研究的是地下的地形、水流、動物與植物。洞穴學家利用軟梯、絞車、充氣小船或自行控制的潛水設備，發現了許多洞穴和深井。他們也會長時間地待在洞穴裡，以進行生存實驗，測試人對在地底生活的忍耐極限。

79

現代的探索

在海拔8848公尺處

1953年5月29日，希拉里和登新離開了最後的宿營地，準備征服埃佛勒斯峰，在這五個小時中，他們必須爬過陡峭的山脊，並在冰凍的雪地上鑿出臺階前進。抵達頂峰時，登新把食物供奉給當地的神明，而希拉里則插上一個刻有耶穌像的十字架。

人們長久以來都將高山視作眾神的居所，因此對這些山是既畏懼卻又讚嘆不已的。18世紀時，就有一批歐洲登山家勇敢地向高山挑戰。1950年起更陸續有許多人試圖去征服延綿於印度北部的世界最高山脈——喜馬拉雅山。

在高於海拔8000公尺的地方

由莫里斯·埃爾佐率領的一支法國探險隊終於在 1950 年率先登上了尼泊爾境內高達8078公尺的安納普納峰。三年後，一支以約

80

現代的探索

翰·杭特為首的英國探險隊展開了征服珠穆朗瑪峰的冒險。珠穆朗瑪峰在1850年左右被喬治·埃佛勒斯確認為世界最高峰，最高處的海拔高達8848公尺。1953年5月29日，紐西蘭的愛德蒙·希拉里與尼泊爾的雪巴*登斯帶著氧氣瓶，在空氣非常稀薄的情況下朝著目標攀登，後來終於登上了崎嶇的山頂，也就是被稱為「世界屋脊」的埃佛勒斯峰。

被征服的喜馬拉雅山

在之後的歲月裡，喜馬拉雅山的各個山峰相繼被征服。奧地利人布爾1953年在巴基斯坦登上了8126公尺高的帕爾巴特峰。1954年，一支義大利登山隊到達了高度為8166公尺的達普桑峰（也叫做K2峰）。最後，海拔8598公尺的干城津加峰也在1955年被英國登山隊員征服。

征服白朗峰

瑞士博物學家霍拉斯·德·索緒爾(1740–1799)在研究阿爾卑斯山的植物和岩石後，決定提供一筆獎金給第一位登上白朗峰頂峰的人。最後由米歇爾·帕卡爾獲得了這筆獎金，他1786年8月7日時在一位獵捕岩羚羊的獵人的幫助下，征服了海拔4807公尺的歐洲最高點，也揭開了現代登山運動的序幕。

安納普納的英雄史詩

在氧氣濃度比平常少了三分之一的稀薄空氣裡，埃爾佐和朋友路易·拉舍納爾忍受著可怕的痛苦，不停地與狂風搏鬥，最後終於在1950年6月到達了安納普納的頂峰。

81

現代的探索

在地球的海洋裡

19世紀末以來不斷進步的科學技術幫助了人們去探索神祕的海底世界，這些海底探險不但證明了海底的地形也是由山脈、山谷和平原所構成，同時更為1912年提出的「大陸漂移說*」理論提供了證據。

海洋研究船

一組科學家乘著設有實驗室的英國船「挑戰者號」進行了最早的海底探險。他們在1872–1876 年間不斷地穿梭航行於各個海洋，並且從事海底探測，記錄下海底地形的輪廓；此外，他們也研究海水的化學成分以及蒐集魚類和海底植物的標本。這些科學家為海洋學這門新興科學的發展貢獻了極大的力量。

水中呼吸

1943年，雅克－伊夫‧庫斯托將伊夫‧勒‧普里厄1926年所發明的自行控制潛水裝備加以改良，使潛水夫可以利用這項革命性的配備在水面下自由活動並獨力從事研究。每當潛水夫呼吸時，一個調壓器便會從背在背上的壓縮空氣瓶中釋放出所需的空氣。

在11公里深的海底

皮卡爾1960年時乘著他的球形潛水器*「的里斯特號」潛入馬里亞納海溝，率先展開了深海的探險。今天，許多海底探險已經證明在深度超過2000公尺的海底存在著一個生態系統！

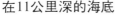

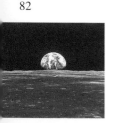

現代的探索

向深淵挑戰

科學家利用新發明的探測儀器到更深的海底進行研究，促進了海洋學的蓬勃發展。1934年，美國科學家畢比利用與船相連的球形潛水器*潛到943公尺的深海處進行探測。瑞士物理學家奧古斯特・皮卡爾 (1884–1962) 1960 年時更利用自己設計的深海觀察潛水器*到深達 11500 公尺的馬里亞納海溝從事探險。

今天，像「阿爾文號」或「鸚鵡螺號」這樣專門從事海洋研究的潛水艇均可到深達 6000 公尺的海底去進行探險。許多科學考察船為了研究佔地球表面積十分之七強的海洋，已經駛遍了地表所有的水域。

庫斯托小組

自五○年代起，以庫斯托為首的法國小組便在許多科學考察中立下了功勞。大批的潛水夫乘著「卡呂普索號」探索了地中海裡的沈船、南極海洋的海底以及澳大利亞東部廣大的珊瑚礁。從1985年起，配有先進設備的「阿爾西奧納號」便不斷地進行著這種神奇的海底探險。

83

現代的探索

征服太空

「探索太空」本來只是一個異想天開的荒誕舊夢，然而，1945年後突飛猛進的科學卻實現了這個夢想。太空時代就此展開。

地球的衛星照片

自1957年起，便有各國數以千計的人造衛星*在繞著地球運行，並應用在傳播通訊、觀察地球、觀測氣象以及監視污染情形和森林狀況等軍事或民生用途上。法國的「光點號」衛星最為精確，所傳回的照片上甚至可以顯示僅為十公尺長的物體。

月球漫步

阿姆斯壯在1969年7月20日這個歷史性的時刻步出了「阿波羅十一號」登月小艇，成為第一個在月球上行走的人，他高興地說道：「這是我的一小步，但卻是人類文明的一大步。」

現代的探索

火箭的推動

要飛向無邊無際的太空，必須先發明一種速度能達每小時28000公里的飛行器，才能克服地心引力*，繼而成為地球的人造衛星*。1957年10月4日，蘇聯利用「賽米奧爾加號」火箭的推動力，發射了第一顆人造衛星「史普尼克一號」。美國隨即在這場太空競賽中予以反擊，「探險家一號」於1958年1月31日發射升空。

以月球為目標

從六〇年代開始，互相競爭的美國和蘇聯便試圖克服將人送入太空、繼而送上月球的困難挑戰。1961年4月12日，蘇聯太空人尤里·加加林環繞著地球軌道*飛行了一周，這趟創紀錄的飛行共歷時108分鐘。1962年2月20日，美國人約翰·葛倫也緊接著完成了這項飛行。

　　蘇聯人在這場太空競賽中居於領先的地位。他們1966年2月發射了「月球九號」探測器，並傳回最早的月球表面照片。不過美國人卻後來居上。1969年7月20日休士頓時間21時56分，尼爾·阿姆斯壯和愛德恩·艾德林在月球上漫步，這是有史以來最非比尋常的一次冒險。在1969-1972年間「阿波羅計畫」的六次考察中，總計有12名美國太空人漫步於月球之上。

蘇聯人的紀錄

1961年4月12日7點7分，「沃斯托克一號」火箭以每秒8000公尺的速度將加加林送入太空，8點55分，太空船在薩塔羅夫附近的農地上降落，成功地完成史上第一次的太空載人飛行。1963年6月，瓦倫蒂娜·特拉契訶娃創造了另一項新紀錄——成為第一位女太空人*。

85

現代的探索

往返太空的
交通工具

美國人為了要建立地球與太空間的經常聯繫，發明了太空梭這種半火箭半飛機的交通工具來執行繁多的任務：交通運輸、設置太空站、發射通訊衛星及排除故障等等。自1981年發射「哥倫比亞號」後，接下來又發射了「挑戰者號」、「發現號」和「亞特蘭提斯號」。

銀河

設立太空站來佔領地球附近的宇宙和發射火箭以探索遙遠的行星，是近30年來太空探險的新焦點。

住在外太空裡

1971年4月，蘇聯以「禮炮一號」展開在地球軌道*上設置太空站的計畫，以安置那些要長期待在外太空的太空人*。

　　美國在1973年5月也設立了叫做「太空實驗室」的太空站，並且接待了一批又一批的太空人。蘇聯人在八○年代時曾不斷地刷新人類在太空中停留時間的紀錄，目前的紀錄是在「米爾」太空站創下的438天。

現代的探索

以火星為目標

六○年代以來向遙遠的太空所發射的探測火箭已經接近了太陽系中除冥王星以外的所有行星。「維京一號」1976年探索了火星，美國的「旅行家號」從1977年起也先後抵達了木星、土星、天王星和海王星。

這些太空探索使我們更進一步地認識了這些天體，並為日後的星際旅行作了準備。約在2020年時，計畫要將人送上火星，並且建立一個永久的太空基地和一個月球上的工業中心。

到3000年時，人們將不僅僅居住在地球上，我們同時也將成為太陽系這個有待探索的新世界的居民！

太空中的歐洲人

七○年代後，歐洲人創造了「亞利安那號」火箭，以發射地球同步衛星*。這項計畫所推出的最後一架火箭「亞利安那五號」，即將在若干年後送太空艙「哥倫布號」上預定於1997年發射的「阿爾法」國際太空站。

在太空站裡

觀察長期待在太空中的太空人*，可以發現他們由於缺乏地心引力而引起了噁心、血液集中在上半身以及腿骨與脊椎骨脫鈣等症狀。不過，適當的飲食和運動將有助於解決這些問題，而且六個月後，這些對太空人健康所造成的不良影響也不再隨時間而加劇。

87

現代的探索

偉大的探險家帶回了什麼？

隨著時間推移，探險家在一次又一次的旅行中帶回了許多歐洲人往往還不認識的新奇物品。

－從「東方」帶回的有：糖、桃樹、檸檬樹、水稻、咖啡和乳香；

－從「遠東」帶回的有：絲綢、茶葉、香料（如丁子香花蕾、胡椒、肉豆蔻、生薑、桂皮）、樟腦、藥用鴉片、棉花和瓷器；

－從「非洲」帶回的有：甜瓜、洋薊、花菜、香蕉樹、薯蕷（原產亞洲，後才移植到非洲，接著又引進美洲）；

－從「美洲」帶回的有：鳳梨、草莓、玉米、可可、番茄、馬鈴薯、三葉橡膠樹、菸草、古柯、金雞納樹等藥用植物、墨西哥介殼蟲（一種曬乾後搗碎便可製成紅色染料的昆蟲）。

補充知識

香料在歐洲一直到16世紀時，都還是非常稀有與昂貴的，所以人們稱呼富有的人為「胡椒袋」，也用「像胡椒一樣珍貴的」來形容價值昂貴的東西。

88

破紀錄！

18名加地斯大學的學生1990年6月乘著重建的「尼娜號」穿越了大西洋。這趟航行歷時21天，比哥倫布少了15天。

Fry's Pure Concentrated Cocoa AND MILK CHOCOLATE

今天與明天的探險

奇特的生物……

在從事深海探險時發現了許多奇形怪狀的特有魚類，還有約兩公尺長的巨型蠕蟲群體，這些蠕蟲會從海底溫泉旁迅速大量繁殖的細菌身上吸取養分。

船員們選擇哥倫布所發現的印第安式吊床，好在海上睡個好覺。這種會隨著波浪節奏搖晃的吊床在波濤洶湧的大海中提供了某種程度的舒適。

補充知識

宇宙中一個正在形成的行星系

1983年，英國、荷蘭與美國所共同製造的小天文觀測衛星「伊拉斯號」在距太陽450萬億公里處發現了一顆「新星」——貝塔·皮克多里斯，它的體積有太陽兩倍大，並且被一個由塵埃、微粒與不斷轉動的氣體所構成的環狀物圍繞著，這些成分都是一些必要的物質，聚集之後就會形成行星……。自此以後，所有的天文臺都瞄準了這顆星星以及其他像赫比格星與T－道里星等同樣可能會產生新行星的星星。

太空探險

1977年發射的美國探測火箭「旅行家一號」和「旅行家二號」至今仍在太空中進行探險，並不斷向地球傳送數以千計的底片，這種聯繫預計可維持到2020年左右，如果一切正常，四萬年後將到達人馬座的阿爾法星……；不過，目前的科學技術還無法利用探測火箭去探索數百億公里之遙的星系。高倍率望遠鏡的發明使人們可以去研究正在形成的星系和已經形成行星的、由雲和氣體組成的環狀物，並藉此確定宇宙的年齡。哈伯望遠鏡的觀察顯示宇宙的壽命可達120億－130億年，這實在太令人意外，因為人們已經發現過存在有160億年之久的星星！這個問題勢必仍須繼續探索。

國際太空站?

1997年時，將發射首批建造「阿爾法」國際太空站的裝備，接著，美國、俄國、歐洲與日本共同製造的可住人式太空艙也會送進太空站，完成所有的配備。為了將材料和人員運到太空站，美國的太空梭必須往返17次，蘇聯的「普羅東號」火箭也必須升空13次。

2002年左右，國際太空站將在距地面400公里處的地球軌道上建造一個實驗室，並且長期保持有六名工作人員在裡面從事研究。

聯合國教科文組織自1978年起將加拉巴哥群島納入人類重要的自然遺址之列，群島上97％的土地被劃為國家公園，其中有54處遺址可供參觀。

但是，人口的增加與非法捕魚卻嚴重干擾了這個世界上獨一無二的生態系統的平衡。

提供證據的衛星照片

世界上最長的河流並不是美國的密西西比河和密蘇里河（全長6260公里），而是南美洲從安地斯山流向大西洋的亞馬遜河。

大量的衛星照片使人們得以確定這條河確切的長度為7100公里。

參考書目

參考書籍

探險地圖大全(*Le Grand Atlas des explorations*), Encyclopædia Universalis, 1991.

D. Boorstin,發現者(*Les Découvreurs*), coll. «Bouquins», Robert Laffont, 1988.

B. Coppin,羅盤(*La Boussole*), coll. «Les objets font l'histoire», Casterman, 1991.

J. Favier,大發現：從亞歷山大到麥哲倫(*Les Grandes Découvertes, d'Alexandre a Magellan*), Fayard, 1991.

《發現之旅》(*Découvertes*)叢書中好幾本相關的書, Gallimard.

探險家的描述
Antonio Pigafetta, 麥哲倫——環球之行第一人(*Magellan, le premier tour du monde*), Tallandier, 1984.

《發現之旅》(*Découvertes*)袖珍本與圖解本中許多探險家的描述, Gallimard.

《行程手記》叢書(*collection «Carnets de route»*),(為10歲以上的讀者所編寫), Épigones.

冒險小說
Homère,奧德賽(*L'Odyssée*).

G. Caselli,阿爾戈英雄的遠行(*Le Voyage des Argonautes*), coll. «Périples», Casterman, 1991.

R. L. Stevenson,金銀島(*L'Île au trésor*), Coll. «classiques», Hachette, 1994.

Daniel Defoe,魯賓遜漂流記(*Robinson Crusoé*), coll. «Mille soleils», Gallimard, 1975.

Jules Verne,奇異之旅(*Voyages extraordinaires*),環遊月球(*Autour de la Lune*),地心歷記(*Voyage au centre de la Terre*),氣球上的五星期(*Cinq Semaines en ballon*)等。

雜誌

人們可以在書店和書報亭中找到許多報導探險活動的雜誌，如《大地》(*Géo*)、《完全報導》(*Grands Reportages*)、《(庫斯托小組的)「卡呂普索號」航海日誌》(*Calypso Log*)等。

漫畫

Hergé,丁丁歷險記(*Les aventures de Tintin*), Casterman.

Charlier, Hubinon & Cie, 紅鬍子(*Barbe-Rouge*), Éditions du Triomphe.

電影

Georges Méliès,從地球到月球(*De la Terre à la Lune*), (France, 1902).

Franck Lloyd,賞金的反叛(*Les Révoltés du Bounty*), (1934).

Victor Fleming,金銀島(*L'Île au trésor*), (1934).

Richard Fleischer,海底兩萬里(*Vingt Mille Lieues sous les mers*), (1954).

Michael Anderson,環遊世界八十天(*Le Tour du monde en quatre-vingts jours*), (1956).

Jacques-Yves Couteau,寂靜的世界(*Le Monde du silence*), (1956).

Walt Disney,格蘭特上尉的孩子們(*Les Enfants du capitaine Grant*), (1962).

Stanley Kubrick, 2001：太空漫遊(*2001, l'Odyssée de l'espace*), (1968).

補充知識

92

Werner Herzog,阿基爾
——上帝的憤怒 (*Aguirre, la colère de Dieu*), (1972).

Ridley Scott, 1492 (*1492, Christophe Colomb*), (1992).

博物館
海洋博物館(Musée de la Marine), 75016 Paris.

維耶特公園的科學與工業之城(Cité des Sciences et de l'Industrie, Parc de La Villette), 75019 Paris.

未來之鏡博物館 (Futuroscope), 86000 Poitiers.

居勒・凡爾納博物館 (Musée Jules Verne), 44000 Nantes.

瑪西凱厄國家海洋中心 (Nausicaa, Centre national de la mer), 62200 Boulogne-sur-mer.

海洋博物館(Musée de la Marine), Lisbonne, Portugal.

在西班牙巴塞隆納的拉帕茲港(Puerto de la Paz), 可參觀重建的「聖塔－瑪利亞號」。

相關活動
哥倫布的三艘船（「聖塔－瑪利亞號」、「尼娜號」與「平塔號」）的縮小模型 (1:75)，Heller.

補充知識

本詞庫所定義之詞條在正文中以星號(*)標出，以中文筆劃為順序排列。

二　劃

人種學(Ethnologie)
這門學科研究的是一個國家或地區的人類族群他們的歷史和生活方式。

三　劃

三角貿易
(Commerce triangulaire)
16–18 世紀的海上貿易使歐洲在提供奴隸的非洲與提供糖、咖啡、棉花等熱帶產品的美洲之間發展起三角貿易。

丈量(Arpentage)
估測土地面積並加以劃分。

大陸漂移
(Dérive des continents)
阿爾弗雷德・魏格納 1912 年提出的這項理論證明了大陸不停地漂移是由構成地殼的板塊運動所引起的。

大噸位的帆船(Caraque)
這種商船的船腹非常廣闊，後面有一個較高的地方叫做「城堡」，上面有指揮臺。

子午線(Méridien)
想像中與赤道垂直的線，連接了兩極以及所有對太陽來說具有相同時刻的點。

四　劃

太空人(Cosmonaute)
這個名詞與"astronaute"或"spationaute"是同義詞，分別指的是俄國、美國與歐洲的太空飛行器的駕駛員或乘客。

巴拿馬地峽
(Isthme de Panama)
介於安地列斯群島海域與太平洋之間的一塊連接美洲南部和北部的狹長陸地，1914 年後，開鑿出一條船隻可以通過的運河。

五　劃

世界地圖(Mappemonde)
以兩個分開的半球來表現地球的平面圖。

奴隸買賣(Trafic des esclaves)
自古以來就有奴隸買賣的存在，但是歐洲人發現新大陸後，更是大規模地將非洲人賣到美國做奴隸。

尼羅河水位的上漲
(Crues du Nil)
對埃及人而言，尼羅河河水每年都會溢出河床的現象是很神秘的，因為他們並不知道是遙遠的埃塞俄比亞地區的夏雨導致了尼羅河水位的上升。

六　劃

吃水(Tirant d'eau)
指船浸沒在水中的部分。吃水淺的船在靠岸時不會有擱淺的危險。

地心引力(Pesanteur)
是由地球的吸引（或重力）現象所導致的結果。人或物體均會被這種引力拉向地球中心。

地球(Globe)

這個名詞除了指地球外，也可以指地球儀——一個可繞軸轉動的球體，上面繪有地圖。

地球平面球形圖
(Planisphère)
顯示整個地球表面的地圖。

帆纜索具(Gréement)
包括了桅杆、船桁、船帆和使帆船前進的索具。

羽蛇神(Quetzalcoatl)
阿茲特克人的主要神祇，被認為是人類的創造者，而人類最終是注定要滅亡的。

七　劃

沒藥(Myrrhe)
從沒藥樹提取出來的樹膠脂，燃燒時會散發出好聞的氣味。埃及人從龐特地區取得，並在寺廟裡使用。

八　劃

亞里斯多德(Aristote)
這位偉大的希臘思想家（公元前 384–322）負責亞歷山大的知識教育，他教授亞歷山大哲學及政治學，並激發了他在地理學方面的好奇心。

亞馬遜河(Amazone)
弗朗西斯科・德・奧爾拉那給他 1540 年探察的河流取了這樣一個名字，因為他覺得自己看到了希臘傳說中的亞馬遜女戰士。

宙斯(Zeus)
希臘人認為以雷電為象徵的宙斯是眾神中最強大的神，也是世界的主宰與正義的保證人。

小小詞庫

弩（「雅各的棍子」）
(Arbalète ou bâton de Jacob)
人們利用一個會在有刻度的桿上滑動的裝置來測量太陽在地平線上的高度。

九　劃

信風(Alizés)
終年規律地由回歸線向赤道吹拂的風。

星盤(Astrolabe)
在這個刻有刻度的盤上放置了一根指針，利用指針上的兩個針孔便可以瞄準太陽或北極星。

耶穌會的傳教士(Jésuites)
歐洲人透過在南美與遠東傳教的耶穌會教士的觀察，更進一步地認識了那些陌生的地區。

軍需品運輸船(Flûte)
這種大型商船有著突出的船腹和平坦的船底，在 18 世紀時，有時會用來進行重要的探險。

軌道(Orbite)
一個天體環繞著另一個天體所畫出的軌跡。人造衛星送入環繞地球的軌道後，便能不停地沿著軌道運行。地球同步衛星位於赤道上 36000 公里高的地方，看起來似乎是靜止不動，因為它是以與地球相等的速度在運行著。

十　劃

海上馬車夫
(Rouliers des mers)
指古代那些像腓尼基人一樣積極從事貿易的民族。

高棉文明
(Civilisation khmère)
東埔寨的高棉文明在 10–12 世紀時蓬勃發展，之後便滅亡了。它留下許多壯觀的遺跡，尤其首都吳哥窟更是到處聳立著城牆、寺廟與宮殿。

十一劃

深海觀察潛水器
(Bathyscaphe)
奧古斯特・皮卡爾 1953 年發明了第一個可以住人並到深海探索的自動潛水器。

球形潛水器(Bathysphère)
查爾斯・威廉・畢比發明了這種以鋼絲與船連接在一起的球形潛水器，畢比 1934 年時便是用它打破潛水深度的紀錄。

雪巴(Sherpa)
在尼泊爾境內出生、成長的人，因此常在喜馬拉雅山的探險中擔任嚮導或搬運工。

十二劃

彭巴草原(Pampa)
這是一片延伸於巴西南部與阿根廷北部的遼闊草原，人們在那裡從事畜牧活動。

湧浪(Houle)
大海表面規律的波動，與局部性吹刮的風無關。

絲路(Route de la soie)
一個穿越中亞的巨大陸上交通網，連接了歐洲和生產絲綢的中國。

絲綢(Soie)
以蛾或家蠶蛾的幼蟲吐出的絲所織成的布料。中國自公元前 2000 年起即發展出養蠶業，6 世紀時並引入歐洲。

進化論(Évolutionnisme)
查爾斯・達爾文提出的這項理論討論了物種在不同時期的演進。生物會為了適應自然界的變化而演進，同時也會把這種演變傳給後代。

黃金(Or)
這種貴重金屬被製成奢侈品或鑄成硬幣。中世紀末期，歐洲人由於黃金匱乏而試圖去控制非洲的貿易。

十三劃

傳福音(Évangélisation)
歐洲人試圖讓他們遇到的人信仰基督教，於是他們向這些人傳福音，也就是講述耶穌的生平以及耶穌帶來的喜信。

楔形文字
(Caractères cunéiformes)
這些形狀像釘子或楔子的符號是用削過的蘆葦桿刻在黏土上的；這種公元前 3500 年到公元 1 世紀時中東地區發明並使用的文字是世上最早的文字。

經度(Longitude)
一個地方與本初子午線*（通過格林威治的經線）之間以度來表示的距離。

十四劃

瘧疾(Malaria)
這種非洲尤其肆虐的熱帶疾病會引起高燒，甚至導致死亡。

遠洋航行
(Navigation hauturière)
船隻為了跨洋過海而遠離海岸
與大海搏鬥的航行。

十五劃

緯度(Latitude)
一個地方與赤道之間以度來表
示的距離。於是，赤道的緯度
為0°，極地的緯度則為90°。

緯線(Parallèle)
想像中與赤道平行的線。每個
半球均由90條緯線所等分。

衛星(Satellite)
繞著天體運行的物體。衛星可
以像行星一樣是自然形成的，
也可以像靠火箭發射的太空飛
行器那樣是人造的。

十六劃

學術協會(Sociétés savantes)
又稱學會，18世紀時曾聚集了
歐洲各大城市的學者。

十八劃

（設陷阱捕捉毛皮獸的）獵
人(Trappeurs)
這個名詞源自英語動詞 "trap"
（設置陷阱）。這些獵人在北美
地區設陷阱捕捉動物，以取得
毛皮來出售。

二十五劃

蠻族(Barbares)
羅馬人以此稱呼生活在羅馬帝
國外的民族。蠻族自三世紀以
來的不斷入侵使得西羅馬帝國
分崩離析，最後更在476年滅
亡。

小小詞庫

索引

97

索引

索引

99

索引

一套專為十歲以上青少年設計的百科全書

人類文明小百科

行政院新聞局推介中小學生優良課外讀物

· 充滿神秘色彩的神話從何而來？

· 埃及金字塔埋藏什麼樣的秘密？

· 想一窺浩瀚無垠的宇宙奧秘嗎？

人類文明小百科

為您解答心中的疑惑，開啟新的視野

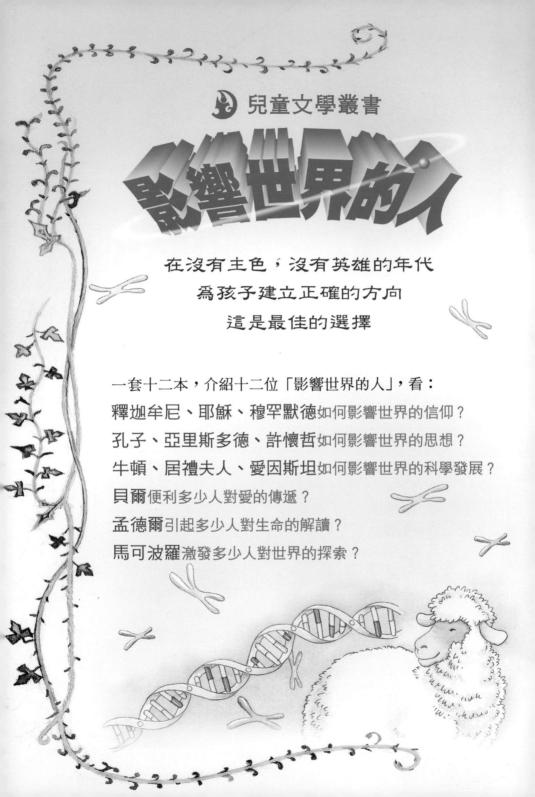

兒童文學叢書

影響世界的人

在沒有主色，沒有英雄的年代

為孩子建立正確的方向

這是最佳的選擇

一套十二本，介紹十二位「影響世界的人」，看：

釋迦牟尼、耶穌、穆罕默德如何影響世界的信仰？

孔子、亞里斯多德、許懷哲如何影響世界的思想？

牛頓、居禮夫人、愛因斯坦如何影響世界的科學發展？

貝爾便利多少人對愛的傳遞？

孟德爾引起多少人對生命的解讀？

馬可波羅激發多少人對世界的探索？

他們曾是影響世界的人，

而您的孩子將是——

未來影響世界的人

兒童文學叢書

藝術家系列

文學家系列

音樂家系列

如果世界少了 **藝術**、**文學** 和 **音樂**，
　　　　人類的心靈就成了荒涼的沙漠。
滿足了孩子的口腹之欲後，
　　　　如何充實他們的 **心靈世界**？

邀集海內外華文作家，全新創作，並輔以精
美插圖。文學性、知識性與視覺美感兼具，
活潑生動的文句，深入淺出的介紹40位大師
的生平事蹟，不但可增加孩子的語文能力，
更是最好的勵志榜樣。

牽引讀者輕鬆進入大師創作的繽紛世界，
讓「**美**」充實每個小小心靈